图说长征

红一方面军卷

《图说长征》课题组　编著

中共党史出版社

图书在版编目（CIP）数据

图说长征．红一方面军卷 /《图说长征》课题组编著．-- 北京：中共党史出版社，2019.4
ISBN 978-7-5098-5041-1

Ⅰ．①图… Ⅱ．①图… Ⅲ．①中国工农红军长征—史料 ②红一方面军—史料 Ⅳ．① K264.406 ② E297.2

中国版本图书馆 CIP 数据核字 (2019) 第 030883 号

启事：本丛书选用了一些图片和画作，其中大部分作品已经取得授权，还有部分作品未与拍摄者、画作者取得联系。恳请有关权利人联系我社，我们将按《著作权法》的相关规定支付稿酬。（联系人：潘鹏　电话：010–82517150）

出版发行：中共党史出版社
责任编辑：李亚平　王兵
复　　审：潘鹏
终　　审：汪晓军
责任校对：龚秀华
责任印制：谷智宇
责任监制：贺冬英
社　　址：北京市海淀区芙蓉里南街 6 号院 1 号楼
邮　　编：100080
网　　址：www.dscbs.com
经　　销：新华书店
印　　刷：北京盛通印刷股份有限公司
开　　本：170mm×240mm　1/16
字　　数：234 千字
印　　张：17.5
印　　数：1—5050 册
版　　次：2019 年 4 月第 1 版
印　　次：2019 年 4 月第 1 次印刷
ISBN 978-7-5098-5041-1
定　　价：65.00 元

此书如有印制质量问题，请与中共党史出版社出版业务部联系
电话：010—82517197

《图说长征》丛书

《图说长征·红一方面军卷》

主　编： 徐　静　　杜　丹

副主编： 覃爱华

编　委：

覃爱华　史爱国　向济萍　黄　玲　李森翔　夏远生
杨林兴　徐塞声　张鲁鲁　江红英　李荣珍　余少松
饶彦久

编　辑：

余福仁　丁凤鸣　张中俞　陈莹莹　张江南　刘　津
吴自锋　胡自浩　黄　莺　魏法谱　吴楚婴　杨　军
徐光煦　文　俊　周锐京　孙　瑛　汤彦宜　高天娥
吴建彬

执行主编： 陈亚杰　魏雪莲

总 序

——长征、长征精神与中华民族伟大复兴

曲青山

习近平总书记在纪念中国工农红军长征胜利80周年大会上指出："历史是不断向前的，要达到理想的彼岸，就要沿着我们确定的道路不断前进。每一代人有每一代人的长征路，每一代人都要走好自己的长征路。今天，我们这一代人的长征，就是要实现'两个一百年'奋斗目标、实现中华民族伟大复兴的中国梦。"总书记的论述深刻阐释了伟大长征精神与中华民族伟大复兴中国梦之间的内在联系。

长征在中国革命史上具有极其重要的历史地位

我们看历史有三个视角，即微观视角、中观视角、宏观视角；研究历史，有三个时段，即短时段、中时段、长时段。对一个政党、一个民族、一个国家的历史应该用宏观视角，把握历史的长时段，这样才能看得准确、看得清楚、看得明白。让我们把目光延伸到中国近代170多年历史的大背景中，延伸到90多年波澜壮阔的党的历史中，这样就能更加清晰地看到长征的重要意义和历史地位。

进入近代以后，由于西方列强的入侵和封建统治的腐败，中国逐渐成为半殖民地半封建社会，山河破碎，生灵涂炭，中华民族遭受了前所未有

的苦难。从鸦片战争到五四运动的近80年间，中国社会的各个阶级、各个阶层、各种政治力量都曾登上历史舞台，想挽救中国于危难之中，但都失败了。历史表明，中国的农民阶级和资产阶级改良派、革命派都没有能力承担起领导中国革命的责任，不可能领导中国人民完成反帝反封建的民主革命任务。中国共产党的诞生，成为中国历史上开天辟地的大事变，从此，中国革命的面貌焕然一新。

大革命失败后，中国共产党在白色恐怖中开启了独立领导中国革命的新征程，完成了由大革命失败到土地革命战争兴起的历史性转变。党领导的革命力量不断发展壮大，建立了中央革命根据地、鄂豫皖革命根据地、湘鄂西革命根据地、闽浙赣革命根据地、川陕革命根据地、陕甘革命根据地等。1933年9月，国民党当局对中央革命根据地发动第五次“围剿”。由于党内“左”倾教条主义的错误领导，实行错误的军事方针，导致第五次反“围剿”失败，党和红军面临生死存亡的危急关头，中共中央和中央红军被迫撤出中央革命根据地进行战略转移，红二、红六军团、红四方面军和红二十五军也先后从长江南北各革命根据地撤出，开始了悲壮而伟大的长征。习近平总书记指出，长征开启了中国共产党为实现民族独立、人民解放而斗争的新的伟大进军。这一惊天动地的革命壮举，是中国共产党和红军谱写的壮丽史诗，是中华民族伟大复兴历史进程中的巍峨丰碑。长征是一次理想信念的伟大远征，是一次检验真理的伟大远征，是一次唤醒民众的伟大远征，是一次开创新局的伟大远征。

第一，长征大大推进了马克思主义中国化进程。中国共产党之所以伟大，之所以站得高，看得远，是因为党始终把马克思主义这一科学理论作为自己的行动指南，并坚持在实践中不断丰富和发展马克思主义。我们党一成立就确定以马克思主义作为指导思想。但是，要做到以科学的态度对待马克思主义，却不是一件容易的事。历史上，以教条主义和经验主义的态度对待马克思主义曾给党和党的事业带来消极影响和巨大灾难。长征途中，以毛泽东同志为主要代表的中国共产党人在血的教训和生死存亡的考验中，深刻认识到马克思主义基本原理必须与中国革命具体实践相结合。在正确思想路线指引下，党和红军走适合国情的革命道路，实行符合实际的战略策略，正确解决了关乎前途命运的全局性问题。因此，红军长征的胜利，是党和红军践行马克思主义、积极推进马克思主义中国化的胜利。

第二，长征实现了中国革命新局面的历史性转折。中央根据地第五次反“围剿”的失败，使我们党和红军遭受了重大损失，几乎陷入绝境。长征的胜利，保存了革命的火种，扩大了党的影响，宣告了国民党妄图消灭中国共产党和红军图谋的破产，实现了我们党北上抗日的战略方针，推动了抗日民族统一战线的形成。“长征一完结，新局面就开始。”长征的胜利，掀开了中国革命历史的新篇章，实现了中国革命从挫折走向胜利的伟大转折。正是以长征为标志，中国共产党从这里重新奋起，我们党有了正确的前进方向。从此，中国共产党带领中国人民克服一个又一个艰难险阻，先后取得抗日战争的胜利、解放战争的胜利，最终取得新民主主义革命的胜利。

第三，长征使我们党形成了成熟而坚强的第一代中央领导集体和核心。长征初期，“左”倾教条主义仍在党内占统治地位，中央的主要领导者在指挥中又犯了退却中的逃跑主义错误，湘江战役使中央红军付出了极为惨重的代价。遵义会议确立了毛泽东同志在红军和党中央的领导地位，开始确立了以毛泽东同志为代表的党中央的正确路线，使红军和党中央得以在极其危急的情况下保存下来，为我们党从挫折走向胜利提供了重要保证，这是我们党走向成熟的重要标志。以毛泽东同志为核心的党的第一代中央领导集体逐步形成，是我们党在领导中国革命的实践中作出的历史性选择。

从遵义会议开始到党的七大，我们党总结了历史经验，为建立新民主主义的新中国制定了正确的理论和路线方针政策，使全党在思想上、政治上、组织上达到空前的统一和团结，党的领导更加成熟，党成为领导全国各族人民进行伟大革命的核心力量，为中国革命事业不断开创新局面提供了最为重要的保证。

第四，长征创造了同强大的敌人、严酷的自然环境、党内错误路线英勇斗争并取得辉煌胜利的奇迹。英雄的红军在装备恶劣、力量对比悬殊的情况下，长驱几万里，纵横十几省，用双脚与敌人的飞机汽车竞赛，以非凡的智慧和勇气，运用灵活机动的战略战术，四渡赤水河，巧渡金沙江，强渡大渡河，飞夺泸定桥，鏖战独树镇，勇克包座，转战乌蒙山，进行重要战役战斗600多次，粉碎了上百万敌军的围追堵截，创造了以弱胜强、以少胜多的奇迹。长征经历了各种恶劣的自然环境，跨越滔滔激流，征服空气稀薄的皑皑雪山，穿越被称为“死亡陷阱”的茫茫草地，红军每前进一步，都面临生死考验，但是红军以大无畏的英雄气概，书写了战胜严酷自然环境的悲壮凯歌。党中央和红军在长征中，与以王明为代表的“左”倾教条主义和张国焘的分裂主义等错误进行了坚决斗争。红一方面军与红四方面军会合前召开的通道会议、黎平会议、遵义会议等，主要是解决党中央的军事路线和军事领导问题及对第五次反“围剿”失败的原因进行反思。会合后召开的两河口会议、卓克基会议、芦花会议等，主要是解决两大主力红军会师后的军事行动以及与张国焘的分歧问题。在开展党内政治生活中，毛泽东、周恩来、朱德等中央领导同志展现了高超的领导艺术和政治智慧，加强了党的团结统一，保证了各路红军共同北上，使长征最终取得胜利。

伟大长征精神是中国共产党人世界观、人生观和价值观的全面展示

伟大的长征铸就了伟大长征精神，树立了永恒的人类精神丰碑。习近平总书记指出："伟大长征精神，就是把全国人民和中华民族的根本利益看得高于一切，坚定革命的理想和信念，坚信正义事业必然胜利的精神；就是为了救国救民，不怕任何艰难险阻，不惜付出一切牺牲的精神；就是坚持独立自主、实事求是，一切从实际出发的精神；就是顾全大局、严守纪律、紧密团结的精神；就是紧紧依靠人民群众，同人民群众生死相依、患难与共、艰苦奋斗的精神。"这种精神是中国共产党人世界观、人生观和价值观的全面展示，是以爱国主义为核心的民族精神的最高体现。

其一，革命理想高于天，是长征精神的生动写照。中国共产党是一个有理想信念的党，坚定理想信念是我们党的一大优势，我们党成立以来之所以能够从小到大、由弱到强，一路走到今天，有多种原因，其中理想信念坚定是一个最主要的原因。长征途中，红二军团的贺炳炎、余秋里在战斗中胳膊负伤，都是在条件极其简陋的情况下，用锯子截肢的。贺龙还专门把贺炳炎的两块骨头捡起来包在红绸布里，用来教育官兵。他说："看看，这就是共产党员的骨头！"坚定的革命理想信念，是党的性质和宗旨的集中体现，它像一盏永不熄灭的明灯，指引着红军将士坚持革命方向，坚信正义事业必然胜利，在惊心动魄的长征路上不断战胜各种困难挑战。

其二，不怕艰难险阻、不怕牺牲，是党和红军崇高人生观、价值观的集中体现。长征中，党和红军遇到了那么多令人难以想象的困难，之所以能

够克服，是因为党领导下的红军将士不怕任何艰难险阻，不惜付出一切，乃至牺牲自己的生命。有了这种革命英雄主义气概，红军始终打不倒、压不垮。红三十四师师长陈树湘率领全师与十几倍于己的敌人殊死激战，在突围战斗中腹部受伤，国民党军队用担架将他押往长沙时，他宁死不做俘虏，将流出来的肠子扯断而壮烈牺牲。没有勇往直前、不怕牺牲的精神，红军长征取得胜利是不可能的。

其三，独立自主、实事求是，是红军长征取得胜利的关键。坚持独立自主，就要坚持中国的事情必须由中国人民自己作主张、自己来处理。独立自主是中国共产党立党的重要原则。实事求是，是马克思主义的根本观点，是我们党的思想路线的核心内容，是我们党结束“左”倾教条主义错误在中央的统治最有力的思想武器。遵义会议是在我们党同共产国际中断联系的情况下召开的，会议作出了一系列被实践证明是正确的重大决策和重大决定，这些成果都是我们党独立自主、实事求是、坚持一切从实际出发取得的。这次会议挽救了党，挽救了红军，挽救了中国革命，是党的历史上一个生死攸关的转折点。遵义会议的历史告诉我们，必须坚持独立自主、实事求是，马克思主义才有活力、才有生命力，才能解决中国的实际问题。

其四，顾全大局、严守纪律、紧密团结，是党和红军始终保持坚强凝聚力、战斗力的重要保证。党和红军在同强大的敌人和恶劣的自然条件的殊死搏斗中，形成了顾全大局、严守纪律、紧密团结的优良传统和作风。在困难和危急的时刻，红军将士宁肯自己挨饿也要把干粮让给同志，宁肯自己牺牲也要抢救战友生命。即使在异常困难的逆境中，红军也严格执行三大纪律、八项注意，受到人民群众衷心拥护欢迎。这些优良传统和作风，逐渐升华为党和红军精神世界中不可分割的重要组成部分，使红军成为具有坚强凝聚力、战斗力的革命队伍。

其五，坚持群众路线，是党和红军克服困难、战胜敌人的力量源泉。长征的胜利，最根本的原因是有人民群众的大力支持。红军所到之处，坚持宣传群众、组织群众、武装群众，严格遵守群众纪律，紧紧依靠人民群众，同人民群众生死相依、患难与共，艰苦奋斗，赢得了各族人民的拥护和支持。人民群众是党和红军的力量源泉，“红军是穷人的军队”，它来自人民，为了人民。革命根据地人民群众为了支持红军，将自己的亲人送去当兵。长征途中，许多沿途的群众踊跃参加红军。红军在路过彝族地区时，刘伯承与彝族部落首领小叶丹歃血结盟，这在长征中传为佳话。长征的胜利，就是我们党坚持群众路线的胜利，这段历史雄辩地证明，群众路线是正确的、行之有效的实现党的政治路线、思想路线、组织路线的根本工作路线，是我们党最大的政治优势。

走好实现“两个一百年”奋斗目标和中华民族伟大复兴中国梦的“新的伟大长征路”

用生命和鲜血凝成的伟大长征精神，生动反映了中国共产党人及其领导的人民军队崇高的革命风范，是推动中华民族自强不息走向伟大复兴的强大精神动力。“雄关漫道真如铁，而今迈步从头越”。“长征永远在路上”。在新的历史条件下，面对世情、国情、党情的深刻变化，我们必须进行具有许多新的历史特点的伟大斗争，更要大力弘扬伟大长征精神，用长征精神激励我们勇担历史责任，克服一切艰难险阻，跨越许多新的“雪山”“草地”，征服许多新的“娄山关”“腊子口”，走好实现“两个一百年”奋斗目标和中华民族伟大复兴中国梦的“新的伟大长征路”。

弘扬伟大长征精神，走好“新的伟大长征路”，必须坚定共产主义远大理想和中国特色社会主义共同理想，为崇高理想信念而矢志奋斗；必须坚定中国特色社会主义道路自信、理论自信、制度自信、文化自信，为夺取中国特色社会主义伟大事业新胜利而矢志奋斗；必须把人民放在心中最高位置，坚持一切为了人民、一切依靠人民，为人民过上更加美好生活而矢志奋斗；必须把握方向、统揽大局、统筹全局，为实现我们的总任务、总布局、总目标而矢志奋斗；必须建设同我国国际地位相称、同国家安全和发展利益相适应的巩固国防和强大军队，为维护国家安全和世界和平而矢志奋斗；必须加强党的领导，坚持全面从严治党，为推进党的建设新的伟大工程而矢志奋斗。

要坚持中国道路。中国特色社会主义是近代以来中国历史发展的必然选择，承载着几代中国共产党人的理想和探索，凝聚着中国人民的智慧和实践，是我们党和人民90多年奋斗、创造、积累的根本成就，具有深厚的历史渊源和广泛的现实基础。我们要增强道路自信、理论自信、制度自信、文化自信，"咬定青山不放松"，坚持不懈、持续不断把中国特色社会主义伟大事业推向前进。

要传承中国精神。伟大长征精神是民族精神在万里长征这座炼炉中的淬炼和升华。新时期产生的抗洪精神、载人航天精神、抗震救灾精神……其中蕴含的牺牲、奉献、自强、奋进精神，无一不与长征精神一脉相承，始终是我们的兴国之魂、强国之魄。实现中华民族伟大复兴中国梦，需要我们继承和发扬好伟大长征精神，并结合新的时代条件不断充实和丰富其内涵。

要凝聚中国力量。实现中华民族伟大复兴中国梦是中华儿女的共同理想，体现了中华民族的整体利益。中国梦是国家的梦、民族的梦，也是每一个中国人的梦。实现中华民族伟大复兴中国梦，需要大家齐心协力、携手共进，从而汇集起中国56个民族、13亿多人口和海外华人华侨的无穷智慧和磅礴力量。

目录

链接目录

前言

1934年10月，中央红军8.6万余人，集结在江西于都河畔，告别恋恋不舍的乡亲，离开中央革命根据地，踏上漫漫长征路。

红一、红三军团在前面开道，红五军团殿后，红八、红九军团在两翼保护，军委纵队在中间行军。红军首先突破敌人三道封锁线。在通过第四道封锁线湘江防线时，遭遇敌人数十万大军堵截。广大红军指战员浴血奋战，前突后阻，左右开弓，撕开了国民党军精心构筑的湘江防线。红军指战员的鲜血染红了湘江碧水。至此，中央红军锐减到三万余人。

这时，蒋介石又在湘西南布置重兵，张网以待，企图将中央红军一网打尽。中央红军该向哪里走？在这危急时刻，毛泽东力主改变原定北出湘西的路线，转向敌人兵力薄弱的贵州。血的教训促使红军指战员觉醒，大家纷纷要求改变领导层和军事路线。1935年1月，中共中央政治局在遵义召开扩大会议，结束了“左”倾教条主义在中央的统治，确立了毛泽东在党中央和红军的领导地位。遵义会议在极端危急的历史关头，挽救了党，挽救了红军，挽救了中国革命。

遵义会议后，中央红军在以毛泽东为代表的中国共产党人领导下，一反“左”倾教条主义领导者在军事指挥上的刻板做法，获得了新的生命力。在面对十倍于己的国民党军时，红军相机而动，四渡赤水，将敌兵拖得疲于奔命，举止失措，而后一举南渡乌江，佯攻贵阳，奔袭云南，威逼昆明，巧渡金沙江，跳出了敌人的包围圈。愈战愈勇的红军，迈开飞毛腿，顺利通过彝族聚居区，强渡大渡河，飞夺泸定桥，翻越大雪山，与红四方面军胜利会师于懋功。而后，红一方面军（即中央红军）在以毛泽东为代表的中共中央的领导下，战胜张国焘分裂主义错误，穿过茫茫无人烟的水草地，攻克天险腊子口，于1935年10月19日胜利到达陕北吴起镇，完成了举世震惊的二万五千里长征。

红一方面军长征经过江西、福建、广东、湖南、广西、贵州、云南、四川、西康、甘肃、陕西等11省。据统计，在历时一年的长征中，行军速度平均每天约为70里；翻越了20多座大山，其中有大庾岭、骑田岭、萌渚岭、都庞岭、越城岭、岷山、六盘山和夹金山、梦笔山、长板山、仓德山、打鼓山等终年积雪的大雪山；渡过湘江、赤水、乌江、金沙江、大渡河等22条河流，通过苗族、彝族、藏族、羌族、回族等十个少数民族地区，进行重要战役战斗380多次，占领60多座大小城镇，突破了国民党中央军和十个地方军阀的围追堵截。

毛泽东在中央红军长征结束后自豪地指出：“长征是历史记录上的第一次”，“自从盘古开天地，三皇五帝到于今”，历史上从来没有过这样的长征。

这是伟大的中国共产党领导伟大的人民军队创造的人类历史的伟大奇迹。

长征“上演了世界军事史上威武雄壮的战争活剧”。中央红军在历时一年、长驱二万五千里的血火征途中，平均每天就有一次遭遇战。红军在被包围封锁、力量对比悬殊、多次面临全军覆没的绝对劣势中，绝地反击，斩关夺隘，起死回生，创造了反败为胜的战争神话。

长征谱写了人类战胜自然的英雄凯歌。它是一曲与超越人类极限的恶劣环境奋勇搏斗的英雄史诗，高山激流、雪山草地，无衣无食，流动作战，无一不在考验着红军的决心、毅力和生存能力。但是这些都没有吓倒英勇的红军，“万水千山只等闲”，“乌蒙磅礴走泥丸”。只有中国工农红军才有这样的气魄，才能创造这样的奇迹。

长征破解了革命发展中的政治难题。红军长征面临国民党大兵压境、党内“左”倾教条主义、右倾分裂主义，各种危机接踵而至、相继叠加；同时，如何处理好与共产国际的关系，处理好中国革命与世界革命的关系，也是一个历史难题。党和红军依靠自己的力量，一一解决了这些历史难题，在错综复杂的政治博弈和极端危险中厘清了政治发展的正确方向和前进道路，开启了中国革命的新局面。“全中国全世界相信了中国共产党和中国红军是不可战胜的力量”。

长征奏响了民族觉醒与发展的大合唱。党和红军把反“围剿”失败后的战略转移变成传播革命真理、凝聚民族力量的胜利进军。长征是宣言书，长征是宣传队，长征是播种机。红军沿途宣传党的宗旨和政治主张，宣传人民当家作主和抗日救国的真理。大半个中国几万万各族人民在党的旗帜下实现新的融合发展，激发和培育了新时代的民族精神，孕育了中国革命的巨大潜力，孕育着中华民族走向复兴的奇迹。

长征铸造了人类文明的瑰宝。红军长征创造了伟大的长征精神，“就是把全国人民和中华民族的根本利益看得高于一切，坚定革命的理想和信念，坚信正义事业必然胜利的精神；就是为了救国救民，不怕任何艰难险阻，不惜付出一切牺牲的精神；就是坚持独立自主、实事求是，一切从实际出发的精神；就是顾全大局、严守纪律、紧密团结的精神；就是紧紧依靠人民群众，同人民群众生死相依、患难与共、艰苦奋斗的精神”。这不仅是中国的，也是世界的，是人类文明的最可宝贵的财富。“它将成为人类坚定无畏的丰碑，永远流传于世”。

中国共产党领导的中国工农红军长征，是一次理想信念的伟大远征，是一次检验真理的伟大远征，是一次唤醒民众的伟大远征，是一次开创新局的伟大远征。这是中国共产党、人民军队和中华民族的历史性胜利，是中国共产党人的骄傲、人民军队的光荣、中华民族的自豪！

红一方面军长征路线图
1934年10月-1935年10月
长征开始时中央苏区
长征结束时陕甘苏区
红1方面军长征路线
红军歼灭国民党政府军地区
国民党政府军集结地域
国民党政府军行动方向
国民党政府军防御阵地

第一章

出发长征

1934年10月10日，中央红军开始实行战略转移。中共中央、中革军委由江西瑞金出发，向集结地域开进。10月16日，中央红军各部队在于都河以北地区集结完毕。按照中革军委颁布的渡河计划，从17日起，中央红军主力第一、第三、第五、第八、第九军团及中央、军委机关和直属部队共8.6万余人，分别从十个渡口陆续南渡于都河。在茫茫夜色的掩护下，千军万马，离开了生活、战斗的中央革命根据地，告别了送别的亲人，踏上长征之路。

一、准备就绪

中央红军战略转移的最初计划是突破国民党军队的围攻，到湘西同红二、红六军团会合，创建新的根据地。因此，出发时把它称为“西征”，西征的部队称“野战军”，最高统帅部称“野战军司令部”。

为便于随军行动，中共中央、中央政府、中革军委和直属部队编为两个纵队，分别称军委第一、第二纵队。红军主力部队为第一、第三、第五、第八、第九军团。为保密起见，每个单位都有一个代号，军委第一纵队为“红安”，第二纵队为“红章”；红一军团为“南昌”，红三军团为“福州”，红五军团为“长安”，红八军团为“济南”，红九军团为“汉口”。

长征初期中央红军序列表

（1934 年 10 月—12 月）

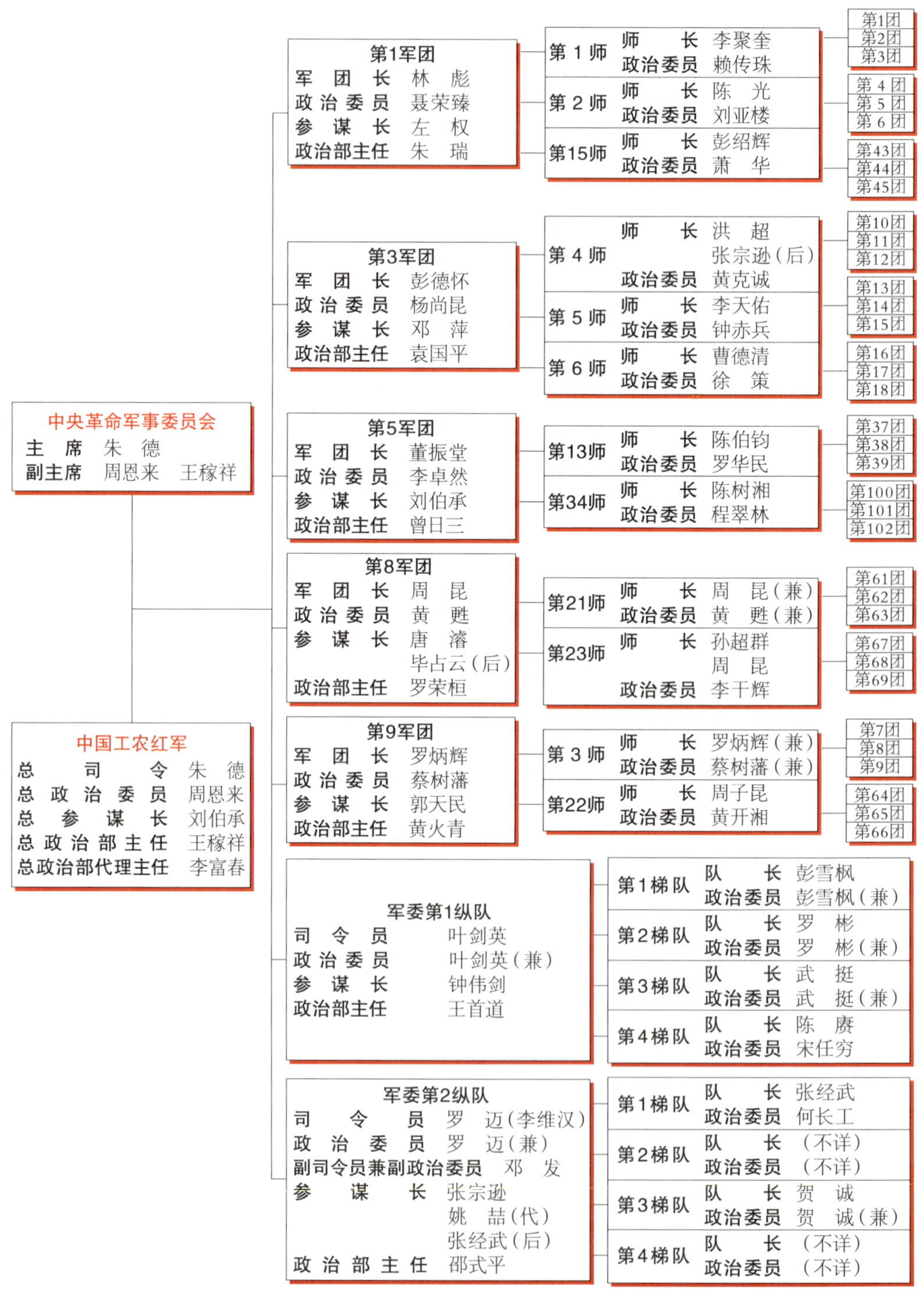

中央红军行军队形分左、中、右三路，红一、红三军团为左、右两路前锋，红八、红九军团为左、右两路后卫，中路为军委第一、第二纵队，红五军团担负整个野战军的掩护任务。

野战军南渡贡水计划表*

（1934 年 10 月）

部队		军委第一纵队	军委第二纵队	ⅠK	ⅢK	ⅤK	ⅧK	ⅨK
渡河日期		从17/X晚起，至18/X拂晓五时止	从18/X晚起，至19/X拂晓五时前止	从17晚起，至18拂晓前五时止	从17/X晚起，至18/X拂晓前五时止	从20/X晚起，至21/X拂晓前五时止	从18/X晚起，到19/X拂晓前五时止	从18/X晚起，到19/X拂晓前五时止
派出侦察日期（便衣、工兵、政治侦察）		15/X派出侦察水位、流速，确定徒涉场、架桥可能、河岸当地居民情况、给养情形（菜、油、柴等），限16/X正午报告，送达军委司令部	15/X晚派出参谋长率特务队及干部团的工兵连（15/X由岭背出发），16/X拂晓到达花桥、各矛、洛口地域，进行渡河侦察，任务与上同，限17/X拂晓前，报告送达新陂军委司令部	15/X派出侦察，任务同上，亦限16/X夜将报告直由潭头送到古田军委司令部，同时送报告给军团司令部	18〔1〕/X派出侦察，任务同上。报告由埠前岗分送军委司令部及军团司令部，统限16/X夜送到	18/X晚派出侦察队、工兵连至雩都、塔脚下地域，准[备]侦明渡河点并接受雩都军区保管的及8K于19/X拂晓前移交的一切渡河器材及船只，并将接受情形电告军委	17/X晚，应派出负责参谋及两个工兵连到达3K渡河地区，弄明水深、流速、徒涉场、架桥地点，并于18/X拂晓五时一六时三十分接收3K各架桥点的一切器材、船只，并负责拆掉	16/X晚，派出便衣政治侦察安远河之兴公埠与桂林江的徒涉场，并限于17/X正午前电告军委

* 此表，按中国人民解放军档案馆提供的档案原稿刊印，原表无表名、发文机关及发文日期，表内所述“情报汇闻”与附图均缺，现表名及发文日期是编者增加的。

〔1〕此日期疑误，似应是15，即10月15日派出侦察。

续表

部队		军委第一纵队	军委第二纵队	ⅠK	ⅢK	ⅤK	ⅧK	ⅨK
渡河日期	准备完毕日期	17/X拂晓前完成一切渡河准备，17/X十六时起开始架桥，限四时架桥完毕，在水深在一米达以下的徒涉场的地方，即不架设浮桥	18/X拂晓前完成一切渡河准备。18/X十六时开始架桥，限二十时完毕。在有徒涉场水深在80C〔1〕以下的，即不架桥	同军委第一纵队	同上	20/X日拂晓前，将一切渡河器材整理完毕。20/X十六时开始架桥，余同上	18/K拂晓完成一切渡河准备。同军委第二纵队	18/X拂晓前完成一切准备
渡河区域	渡河地区	孟口至古龙嘴（均含）间	花桥至洛口塘	古龙嘴到花桥（不含）间	由孟口（不含）至三门滩（含）间	由雩都至塔脚下（含）间	由孟口（含）、三门滩间	在会昌河由珠兰埠到会昌（均含）间。在安远河到兴公埠到桂林江间
	渡河点（用情报汇闻的附图36）	No.5、6、7徒涉场 No.3架桥点	No.2、3徒涉场 No.2、3、4架桥点	No.1、2、3、4徒涉场 No.4、5、6架桥点	No.8、9、10、11、12徒涉场	No.5、6、7、8、9、10徒涉场	No.7、8、9、10、11、12徒涉场	No.6及会昌石桥

续表

部队		军委第一纵队	军委第二纵队	ⅠK	ⅢK	ⅤK	ⅧK	ⅨK
渡河器材	船只	现集中雩都城附近之船只20只	由中央军区在瑞金东于15/X（晚集中）船只，限17/X拂晓驶到白峨、花桥地域，由国局特务队接收。会昌警备区在会昌附近搜集船只，于15/X晚派出十只，限16/X正午到达各矛地域	军委司令部由岭背放下之船只，投十只于16/X晚间到塔脚下、潭头地区，由1K工兵连按时接收。由会昌集中十只船于15/X夜下驶，限16/X夜开抵梓山地域	由赣南军区负责收集江口、三门滩一带船只上驶，限17/X拂晓集中到孝堂、下坝两徒涉场。由军委司令部从岭背放下船只，拨十只开至里仁、十铺、塔脚下三徒涉场，限16/X晚间到	接收军委及8K的一切渡河器材、船只	接收3K的器材及船只	在下面水滩的情况下，在会昌河均[由]会昌石桥渡河，在安远河应派工兵连[至]兴公埠、魁〔桂〕林江地区收集架桥器材
	架设器材	绳、索、门板、木桩、竹枝（作徒涉的河中标记）	同上	同上	同上	同上	同上	同上
土工		修理河岸沙霸〔坝〕，开辟道路	同上	同上	同上	同上	同上	同上
人工		红星工兵营：工兵架桥连；工兵土工连	红星干部团之工兵连全部及国局特务团	军团及三个师的工兵连	军团及三个师的工兵连	军团及两个师的工兵连	军团及一个师的工兵连	军团一个工兵连

续表

部队		军委第一纵队	军委第二纵队	ⅠK	ⅢK	ⅤK	ⅧK	ⅨK
渡河前后宿营地域	前	17/X日间，古田、岭背地域	18/X日间，公馆、黄龙、梅坑、温村地域	17/X日间，东江口至龙子脑地带的北岸	17/X日间，在杨梅坳、禾坑塘、埠前岗地域	20/X日间，在雩都、埠前岗地域	18/X日间，在□仓前、五关圩地域	18/X日间，仍在会昌、珠兰埠
	后	18/X日间，新陂地域	19/X日间，里仁、黎村、黎邦桥地域	18/X日间，里仁、黎村、黎邦桥、潭头地域	18/X日间，在新陂（不含）、罗家坳、大平（含）地域	21/X白天在新陂、罗家渡、大平、小溪地域	19/X白天，在罗家渡、大平、长洛地域	19/X日间，在桂林江、河石、茶梓地域
渡河后的浮桥处置		（1）浮桥应于18/X五时起拆桥，限六时三十分拆完 （2）一切渡河架桥的器材、船只，统移交给赣南军区保管，以便5K20/X晚渡河时继续使用	（1）同上 （2）一切渡河器材、船只，于拆桥后交还当地政府	（1）同上 （2）19/X拂晓前拆桥完毕，应即由国局特务队一班人接收船十只，上驶至花桥地域，其余交当地政府	（1）同上 （2）18/X拂晓前拆桥完毕，并将一切渡河器材、船只，交8K派去之负责参谋及工兵部队接收	（1）同上 （2）一切渡河器材、船只，交赣南军区处理	（1）同上 （2）一切渡河器材、船只，交5K接收	如在兴公埠、桂林江架设桥，则于渡河后亦应于19/X拂晓前将桥拆毁

续表

部队	军委第一纵队	军委第二纵队	ⅠK	ⅢK	ⅤK	ⅧK	ⅨK
附记	第一纵队侦察渡河人员，应每两[小]时将选定的徒涉场的水位升降，用电话报告军委司令部。						
	军委第二纵队于17/X黄昏时，分三个纵队向渡河前宿营地域前进： （1）第二梯队的〔为〕右纵队，18/X拂晓前到达黄龙地域，黄昏在花桥渡河，经梓山、潭头于19/X拂晓前[到]里仁地域。 （2）第三、第四梯队为中央纵队，18/X拂晓前，到达公馆及各矛、河东地域，黄昏在各矛渡河；19/X拂晓前，到黄泥坑、枫庙地域。 （3）第一梯队为左纵队，18/X拂晓前，到达梅坑、温村地域，黄昏由自找渡河；19/X拂晓前，到达黎邦桥地域。						
附注	1. 各兵团纵队所派遣之参谋、侦察、工兵、政治人员及部队，应绝对伪装，如军区人员及部队，不得以自己番号告诉居民及友军。 2. 工兵所搜集的渡河器材，应将其隐蔽、隐藏起来，船只应停泊、隐蔽在河港滩湾间。 3. 架桥时间必须依照本计划所规定，并须在规定内力求迅速完成，不应超过规定时间。 4. 天阴时，工兵架桥可改在日间架设，惟部队渡河仍应在黄昏以后。 5. 部队渡河及行军时间，严格遵守黄昏十七时起至次晨拂晓前五时止之规定，如超过时间，部队即应停止运动，隐蔽配置如〔在〕渡河沿岸山地或树林中。 6. 拆桥时间不得超过一小时半，上午六时半止，渡河点应消灭一切渡河行迹及沙滩足迹。 7. 赣南军区负责封锁雩都河（西起江口东至花桥（不含））的两岸消息及交通，国局特务队负责封锁花桥至洛口塘（均含）间的消息和交通。						

中革军委发布的《野战军南渡贡水计划表》（1934年10月），对各部队渡于都河的地点、时间、次序作了具体安排

中央红军长征出发地——于都

于都河是中央红军长征要过的第一条大河。河宽600多米，水深1—3米，最大流速每秒1.2米。红军总部决定在于都河面上架桥。当年，于都人民汇集800多条大小船只架设浮桥，有的送门板木材，有的送茶送饭，仅用四天时间，就在于都30公里的河面上架设了五座浮桥。为保密和避免敌机轰炸，红军总部规定：部队在每天下午6时后至次日晨7时前通过浮桥。为此，红军架桥部队白天把大部分民船从浮桥上撤下来，用几只船渡小部队和零星人员过河；下午四五点重新架通浮桥，供大部队通过。

红军长征时在于都东门渡口搭建的浮桥遗址

人民群众热情支援架设浮桥

根据地的老表非常热情，只要说红军要用，不管他的材料是干什么用的，马上抽出来给红军送来。有个姓赵的老表听说红军要木料，就要拆瓜棚。当时南瓜还未完全熟，材料征集组的同志劝阻老表说："瓜还没有熟，瓜棚不能拆。"老表一听，啪地一下就把瓜藤扯断了，并主动把搭瓜棚用的木料扛到了河边，还特地为红军煮了一担南瓜汤。一位老大爷则把棺材板都献出来了。他说："材料差得远呢！要不是红军，要没有苏维埃，别说寿材，我连饭都吃不上哩！"

——时任红军总部直属队工兵营营长王耀南的相关回忆

二、星夜渡过于都河

从1934年10月17日起，中央红军主力五个军团及中央、军委机关和直属部队共8.6万余人，分别从于都、花桥等十个渡口南渡于都河，踏上战略转移的征途。

军委第一纵队和毛泽东、周恩来、朱德等夜渡于都河的渡口——于都县城东门渡口

↖ 红一军团夜渡于都河渡口之一——今于都县梓山镇山峰坝渡口

↑ 红三军团夜渡于都河渡口之一——今于都县城南门渡口

← 红三军团和红八军团一部夜渡于都河的渡口——今于都罗坳镇鲤鱼渡口

↙ 红五军团夜渡于都河的渡口——今于都县罗坳镇石尾渡口

↓ 红八军团夜渡于都河的渡口——今于都县罗坳镇孟口渡口

红九军团夜渡于都河的渡口——今于都靖石乡的渔翁埠渡口

中央红军长征出发纪念馆
该馆于1986年始建，2004年移址新建在于都县城东门渡口中央红军长征第一渡纪念碑园东侧，展现了中央红军主力部队集结于都、开始长征的历史。

苍茫的于都河边，浩浩荡荡的中央红军与成千上万的苏区群众依依不舍，含泪话别。

含泪分别

这是一个永远也不能忘怀的场面。

红旗猎猎，战马嘶鸣，整齐的队伍站在河对面的草坪上。源源不断的人流，从四面八方汇拢来。他们扶老携幼，来到于都河畔。乡亲们有的把煮熟了的鸡蛋塞到我们手里，有的把一把把炒熟的豆子放到我们的口袋里。有的拉住我们战士的手问：“什么时候回来？”有的止不住地“呜呜”哭了起来。

我正在和一营的几个干部谈着事，突然，人群中钻出我的房东大娘来。

房东大娘今年60多了，一头白发，她三个儿子都当了红军，两个牺牲了，一个当了干部，显然，她看完儿子，又到我这里来了。

我赶忙迎上去，高兴地叫了声：“大娘！”

大娘把用一块小白布包着的东西递给我。

我接过它，打开一看，是两个热气腾腾的红薯。

她说：“孩子，你路上吃！”

我手里捏着红薯，眼睛湿润了。

是的，两个红薯倒不是什么珍贵的东西，可是在苏区连续遭到破坏，粮食极端困难的情况下，大娘捧出两个红薯来，真是捧出了大娘的一片心啊。

大娘告诉我，地窖里藏了一筐红薯，听说我们要走，选了几个赶忙烧了，她儿子一份，我一份。

此刻，我难以用言语表达我的感激之情，捧着红薯，又深情地叫了一声：“大娘！”

听得我叫大娘，她高兴地笑了，拉着我的手说：“好好打仗，大娘等着你们回来！”

我点了点头。

军号响了，我们红四团，迈出了战略转移的第一步。这是1934年10月16日。

——时任红一军团第二师第四团政委杨成武回忆夜渡于都河的情景

赶到于都河边为我们送行的群众中，除了满脸稚气，不懂事的小孩子跑来跑去，大人们的脸上都挂着愁容，有的还在暗暗地流泪。老表们拉着我们的手，重复着一句极简单的话："盼着你们早回来，盼着你们早回来呀！"连我们十分熟悉的高亢奔放的江西山歌，此时此地也好像变得苍凉低沉了。我难以忘怀的是，那些被安排在老乡家里治疗的重伤员和重病号也来了。他们步履艰难地行走在人群之间，看来是想寻找自己的部队和战友，诉诉自己的衷肠。我们团留下的同志，虽然黎林同志在出发前布置各单位专门派人去探望过，但这时，他们也都赶来了。这些同志伤势都很重，却一再表示要尽快养好伤，追赶部队，即使追不上部队，也要和群众一起坚持斗争，发挥红军战士的作用，决不给红军抹黑。当时我想：渡过于都河之后，一定要打几个漂亮仗，一方面鼓舞部队，一方面也给亲如父兄姐妹的根据地人民，和留在当地的伤病员同志以力量，使他们更好地坚持斗争。我也想过，或许有的伤病员同志会赶上来，但是直至部队进入了湖南，我们团留下的同志中却没有一个能赶上来的……

——时任红一军团第一师第一团团长的杨得志回忆夜渡于都河时的情景

第二章

通过四道封锁线

长征开始，中央红军基本沿着红六军团西征走过的路线前进。然而，大搬家式的行军，使部队行动迟缓。此时，国民党已安排重兵在赣南、湘粤边、湘东南、湘桂边构筑了四道封锁线。由于中央红军已与广东军阀陈济棠通过秘密谈判达成互相借道等协议，红军以较小的代价通过了前三道封锁线。但在到达广西从全州、兴安间抢渡湘江、通过敌人重兵设防的第四道封锁线时，中央红军苦战五昼夜，突破湘江，由长征出发时的8.6万余人锐减至三万余人。

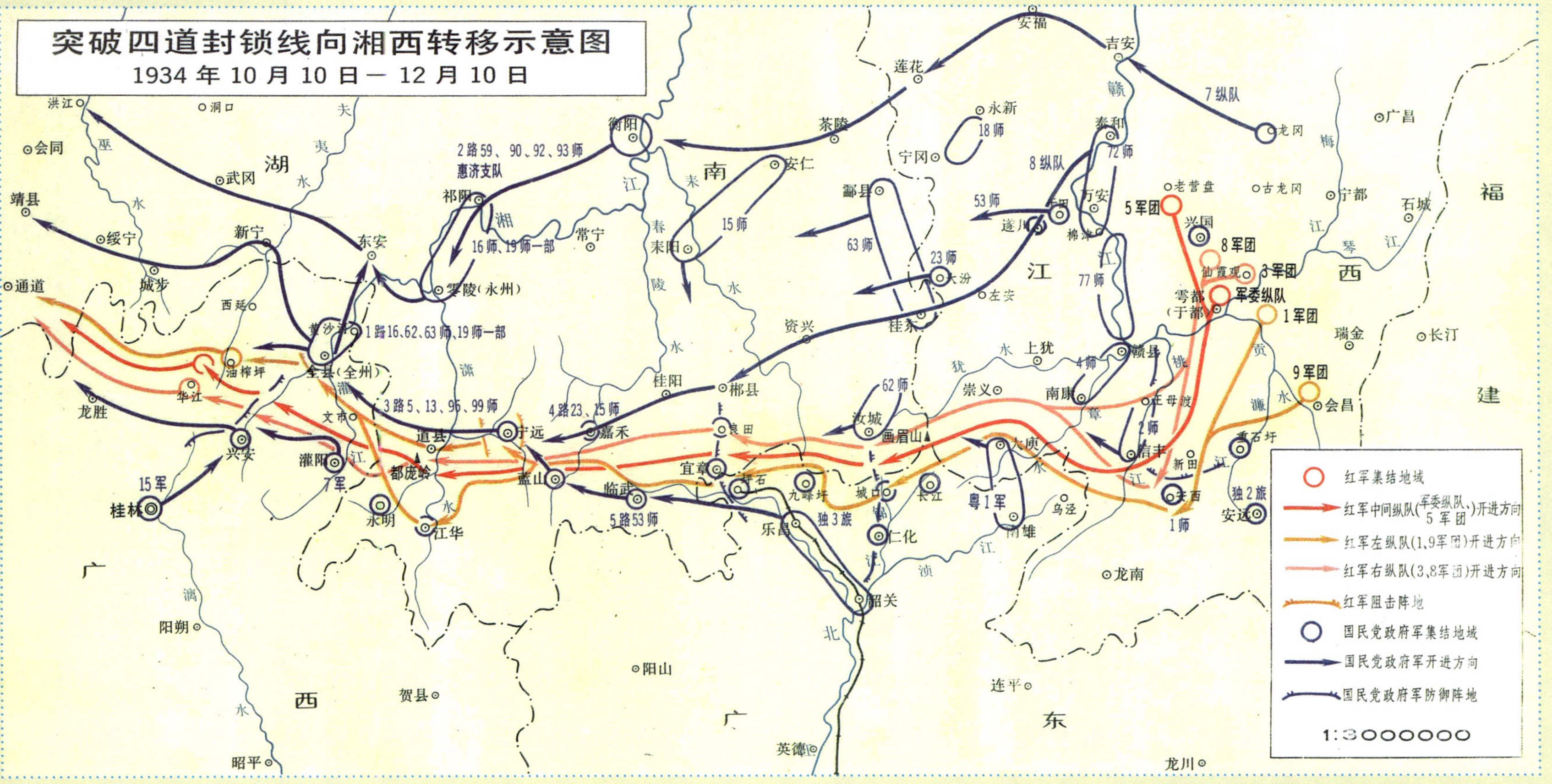

中央红军突破四道封锁线向湘西转移示意图（1934年10月10日—12月10日）

一、通过第一道封锁线

10月21日，中央红军各军团按照中革军委发布的越过第一道封锁线的命令进行突围。红一军团攻占金鸡、新田，红三军团攻占百室、韩坊、古陂，军委总部进至合头地区。25日，军委第一、第二纵队和红军其他部队从信丰南北先后渡过桃江，突破敌人第一道封锁线。当时，由于红军行动提前，红军与粤军首领陈济棠谈判达成的协议尚未来得及使前沿部队了解其意图，因此，在红军突破第一道封锁线时，双方发生了比较激烈的战事。

江西信丰新田战斗遗址 1934年10月21日下午至傍晚，红一军团第一、第二师在江西信丰县新田金鸡战斗中歼敌300余人。

第一道封锁线旧址之一——江西信丰古陂

1934年10月21日至22日，红三军团第四师在此击溃国民党粤军一个师，缴获大批枪支弹药和军用物资。

信丰县桃江

桃江又名信丰河，系贡水支流，河面有600米宽。粤军设置的第一道封锁线，位于中央苏区西南的安远、信丰、赣县和南康一带，是一条以桃江为天堑的弧形封锁线。

中央红军在毙伤大量敌军的同时，也牺牲了不少优秀的指战员，红三军团第四师师长洪超在战斗中不幸牺牲，这是红军开始长征后牺牲的第一位师长。

洪超

洪超，1909年生，湖北黄梅人。1926年参加革命，1927年进入武汉中央军事政治学校学习。广州起义失败后，他随朱德率领的南昌起义余部进入湘南，任朱德的警卫员。1927年加入中国共产党。1928年4月，随朱德到达井冈山。1932年，出任红五军第一师师长，时年22岁。1934年1月，被调任红三军团第四师师长。他指挥部队英勇作战，攻克沙县县城，这是第五次反“围剿”以来，红军攻克的第一座县城。之后，洪超奉命率部返回江西，参加了广昌保卫战、驿前保卫战。长征一开始，他率部同守卫在新田、古陂的国民党军开展激战，首先突破了国民党军第一道封锁线，得到上级的嘉奖。接着又率领前锋第十一团向百室挺进，遭到国民党军的突然侧击。洪超在指挥第十一团将敌军击退后，继续前进，遭到敌军的左侧射击，不幸中弹牺牲，年仅25岁。

信丰县油山上乐村

位于赣粤两省交界处的油山是中央红军长征经过之地，也是长征之后南方三年游击战的中心区域。突围长征的中央红军右纵队红三军团经过油山上乐村时，留下了299名伤病员。当地党组织在上乐村设立临时红军医院，对伤病员进行救治。其中许多伤病员痊愈后留在粤边参加了艰苦卓绝的南方三年游击战争。

二、通过第二道封锁线

突破第一道封锁线后，形势对红军非常有利。蒋介石嫡系部队远在湘赣边，防守第二道封锁线的主要是粤军陈济棠部队。而陈济棠按照与红军达成的协议，把粤军主力撤至大庾、南雄、安远等地，采取守势，防止红军进入广东。1934年10月26日，中革军委指示：如粤军自愿撤退，红军请勿追击。

10月25日，中共中央、中革军委决定乘敌人尚未弄清红军意图之际，沿赣粤和湘粤边界，迅速向湖南的汝城和广东边境的城口方向前进。11月5日，中革军委决定：中央红军以一部兵力监视汝城之敌，主力分三路纵队，由汝城、城口之间通过国民党第二道封锁线。至8日，中央红军通过第二道封锁线，进入湘南地域。

中革军委1934年10月26日的指示（原稿上写的“5月”疑有误，10月是编者判定的）

湖南汝城旧照

彭德怀汝城开炮

红三军团对汝城太来圩发动了全面进攻。太来圩敌军依托碉堡工事，负隅顽抗，广大红军指战员在接近敌人堡垒后，手拿手榴弹，步枪装上明晃晃的刺刀，子弹上膛，单等着炮声一响，敌人的碉堡一炸，立即冲锋。然而，炮兵对着碉堡放射了四五炮后，敌人的堡垒依然毫无损失。这时，彭德怀非常焦急，到了第一线，看到炮架得很远，当即命令指战员把炮移动位置。炮兵又打了四炮，仍旧没有击中目标。彭德怀见此，亲自走到炮兵阵地，进行瞄准，开炮，正中敌人的堡垒。此后，炮声连发。彭德怀高举着帽子，高呼："前进！都前进！消灭他干净！"步枪叫起来了，手榴弹也发起威来，红色战士们连叫带吼的，犹如猛虎扑羊群一般冲过去，与敌人展开激烈的肉搏战。太来圩守敌溃不成军，落荒而逃。

——时任红三军团第四师第十一团政治委员张爱萍的相关回忆

广东仁化城口

广东仁化城口红军长征露宿地

红军城口街头露营

1934年11月2日至7日，中央红军各路部队在城口行军作战六天，总指挥部设在广州会馆（即现在的城口镇中心小学），部队就在城口的街道宿营，当时的河边街、正龙街的街巷屋檐下都睡满了红军。红军对群众秋毫无犯，军民关系十分融洽。据当地老人回忆：当时他家在正龙街上开了一家杂货店，红军来买东西的人态度很和气，买卖公平。一位红军司务长来买东西时还送给他父亲一个皮匣子。红军撤离时，那个送皮匣子的红军干部找到我父亲，请他给红军带路去汝城蕉坑。凌晨5点启程，回来时红军给他开了路条，还送他两个煮鸡蛋路上吃。

汝城延寿阻击战旧址——延寿青石寨

1934年11月11日，红五军团第三十四师在湖南汝城延寿与粤军激战，经过三天三夜的激战，掩护主力红军顺利通过。

借據

今借到胡四保伯伯穀壹百零伍担

生豬叁頭重量伍百零叁斤雞壹拾

貳隻重量貳拾貳斤 此據

中國工農紅軍第三軍團

具借人

公元一九三四年

← 红军借据

↓ 延寿乡官亨村红军借据发现地

50年后偿还的借据

1934年冬，中央红军红三军团经过湖南汝城县延寿乡官亨村时，与国民党军队发生激战。不少村民转移到山上，红三军团在缺少粮草供给的情况下，不得不通过延寿乡官亨村村民胡四德筹集稻谷和肉类食品，并留下借据，上书：“今借到胡四德伯伯稻谷壹百零伍担生猪叁头重量伍百零叁斤鸡壹拾贰只重量肆拾贰斤”，落款是“叶祖令”。叶祖令时任中国工农红军第三军团司务长。这张借据在1996年春由胡四德的后人在老房子里发现。次年5月，汝城县政府按原价折款向胡四德的唯一继承人胡运海归还1.5万元人民币。

三、通过第三道封锁线

在中央红军继续西进的情况下，国民党军队迅速在粤汉铁路湘粤边湖南境内的郴县、良田、宜章和广东的乐昌间设立第三道封锁线。1934年11月8日，中革军委发布命令，决定中央红军在宜章以北的良田及宜章东南的坪石间突破敌人第三道封锁线，以红三军团为右路军，从宜章以北通过；军委二个纵队及红五、红八军团随后跟进；红一军团为左路军，从宜章以南通过，红九军团随后跟进。13日至15日，中央红军从郴县、良田、宜章、乐昌之间通过敌人第三道封锁线，进入湘南地区。

1934.11.8. 致三军团

彭杨

甲、湘敌六十三师之一部企图由汝城经大坪文明司向城口，在九峰乐昌之粤敌似无动，

[illegible]

……（乙）军委决定三军团经白石渡（不含）之线……[illegible]

[illegible]

……八日十八时

↗ 1934年11月8日中革军委发布的指示
→ 宜章县城
↘ 宜章渡口

占领宜章城

我们的一个师，冒着雨，横扫着小股敌人，一直追到宜章城边。当我们准备拂晓攻城的时候，附近的修路工人与贫苦农民，热情地前来帮助我们挖坑道，扎梯子，准备消灭敌人。但是，城内的敌人却在夜间进行了最后一次抢劫，半夜弃城逃跑了。天刚亮的时候，城门大开，城内的群众涌出城来，欢迎我军进城。他们报告敌人恐慌万状，诉说敌人穷凶极恶，把什么都抢走了。

——时在中央纵队干部休养连的成仿吾回忆占领宜章城时的情景

中央红军进入湘南后，进行了革命宣传和组织工作，成立宜章县苏维埃政府，建立赤卫队，释放被国民党政府关押的革命者和无辜群众，把没收来的土豪劣绅的财物分给劳苦大众。

中央红军长征到达宜章时，曾在白石渡宿营，当地四五百名铁路工人报名参加红军。

宜章县县城城隍庙前坪。1934年11月15日，红三军团第六师在此召开群众大会，宣布建立宜章县苏维埃政府。

今日湖南宜章白石渡村

长征中任红一军团第一师政治部宣传科科长的彭加伦描述当时铁路工人参加红军的场面：

工友们的斗争情绪是大大提高了，每天总是一大群一大群的到街上来，政治部的门口总是挤得水泄不通，很多自动的报名当红军。我们组织了扩大红军突击队，动员了全体指挥员、战斗员、政治工作人员，到工人群众中去进行宣传鼓动。篷内篷外，一群一群，一堆一堆，围满了我们的突击队员，演讲的声音，到处荡漾着。

“同志！我去！”

“同志！我也去！”

工友们都自动报名了，有的自己去邀伙伴，一来就是十个八个，甚至几十个。

年纪老的流着泪，向我们说：“同志！咳！可惜我老了，不是老了没用的话，我也要跟你们去！”

“我活到这样大的年纪，从没有看到这样好的队伍，从没有看到这样真正为民众谋利益的队伍，你们一定要成功的呵！”

“干事去！”成了工友们自己的口号。突击队员一批一批的把新战士带来，战士自己又一批一批的去邀来，挂了红布条的人是充满了街头巷尾。不过两天的工夫，扩大了四五百人，在工友的欢送中，同我们走上革命的征途。

四、血战湘江——突破第四道封锁线

就在红军突破第三道封锁线的时候，各路敌军已开始向湘南地区开进，准备实施其湘江会战计划。1934年11月14日，中革军委发布命令，决定中央红军“迅速秘密的脱离尾追之敌，前出到临武、嘉禾、蓝山地域”。16日，红一军团占领临武城。18日，红九军团占领蓝山城。接着，中央红军继续西进。22日，红一军团第二师第四、第五团攻占道县县城，消灭守军一部。24日，第四团占领水口，并在西元地区击落国民党飞机一架。25日，中央红军从道县与水口间全部渡过潇水，继续西进。

蓝山县被烧民房

中央红军长征路过蓝山县大汉口村时，红军战士看到有两户人家房子失火，迅即将火扑灭，并送给每家救济费各30块银元。

中央红军渡过的
道县潇水河

长途奔袭道县

中央红军通过嘉禾、蓝山后，横在面前有两条大江，一条是潇水，一条是湘江。两江相隔百余华里。此时，蒋介石的嫡系薛岳、周浑元的几个师已尾追前来。湖南何键和广西李宗仁、白崇禧的部队，从两侧步步逼近。敌人企图合击中央红军于潇水之滨。红军的当务之急是，要先敌占领这一带大渡口道县，并迟滞追赶之敌。为此，红一军团首长把抢占道县的任务交给红二师，把阻击追敌的任务交给红一师。11月22日，红二师四团在团长耿飚、政委杨成武率领下，长途奔袭潇水两岸的道县获得成功。随后，红九军团一部占领了潇水的另一个渡口江华。

红一军团第四团政委杨成武，回忆攻克道县时这样说：

夕阳西下，黄昏时刻，我们终于结束了一百几十里的急行军，赶到道县城郊。道州城位于潇水河西岸，城墙高，有水濠。我们在郊外，还捉到了敌人一个送信的家伙，他迷迷糊糊地闯进了我们的队伍，以为我们是他们日夜盼望前来支援的中央军，当他知道我们是红军时，口里直唤：“不可能。”但是，知道这一切都是真的时，他才如梦初醒，脸色由白变红，由红变白，上下牙齿直打架。原来，住在城里的敌人，确实连做梦也没有想到，只一天工夫，我们飞越200多里，赶到他们鼻子底下了。

道县标语墙

1934年11月，中央红军长征路过湖南道县时，一位14岁的红军战士冒着敌人的枪林弹雨在文庙的墙壁上写下“工农革命胜利万岁，工农革命努力奋斗”的标语，不久这位小红军就牺牲了。“文化大革命”期间，文庙改建为道州县委招待所，在广场上重建了一座崭新的红军标语纪念墙。今天，这道墙成了道县的标志。

1934年11月25日，中革军委决定突破国民党设置的第四道封锁线，在全州、兴安之间渡过湘江。为此，中共中央和红军总政治部发布命令，号召红军在即将进行的最复杂的战役中，要最坚决果断地粉碎前进路上的一切抵抗，并征服一切天然的和敌人设置的障碍，为突破敌人最后的封锁线，创造新的大块苏区而奋斗。

1934年11月26日，中央红军主力从永安关和雷口关进入广西，并形成红一军团为右翼，红三军团为左翼，向湘江前进的态势。至此，红军已真正进入敌人设置的第四道封锁线，一场大战、恶战迫在眉睫。

永安关和雷口关，是红军长征由湖南进入广西的重要关口。图为永安关现状。

11月27日，右翼红一军团前锋第二师占领了从屏山渡至界首的湘江所有渡河点。由于湘军先期到达，红二师遂在桂（林）黄（沙河）公路上之脚山铺一带占领阵地，准备阻击湘敌。左翼红三军团前锋第四师也前出至湘江，占领了界首以南的光华铺，向南警戒兴安县城的桂军；第五师占领了新圩和马渡桥，阻击从灌阳方面北上的桂敌。

↑ 雷口关
↓ 屏山渡

界首渡口位于广西兴安县北部的界首镇老街下游，与全州县相邻，它离桂黄公路近，西边紧贴越城岭山区，过河极便于隐蔽，是中央红军渡江时最理想的渡口之一。这时，红军如果能按中革军委的要求，轻装疾进，仍然可以利用最后的有利时机，以较小的损失渡过湘江。但是，庞大的军委纵队，由于辎重拖累，行动异常迟缓。直到30日清晨，军委第一纵队才从界首渡过湘江；第二纵队随红三军团行动，更迟至黄昏渡江。这55公里就走了两天。在这种情况下，后卫红五军团及最后入关的红八、红九军团，无法及时过江，担任两翼掩护的红一、红三军团，为对付敌人，不得不付出惨重的代价。

↑ 界首渡口
↓ 界首红军堂

红军堂弹痕累累

界首红军堂是位于兴安县界首渡口西岸的一座庙宇，原来叫三官堂。三官堂属砖木结构，建筑占地面积约160平方米，保护范围达3600平方米。三官堂紧临界首渡口，地势较高，周围无任何遮掩物，便于观察渡口四周的情况。1934年11月27日至12月1日，红军抢渡湘江时，红三军团及渡口指挥部就设在三官堂，彭德怀冒着生命危险坐镇指挥战斗。至今三官堂庙墙壁上仍是弹迹累累。当地群众为纪念红军，将三官堂改称为红军堂。

1934年11月28日凌晨至12月1日下午，红三军团第五师在师长李天佑、政治委员钟赤兵指挥下，在广西新圩阻击桂军，掩护中央纵队渡过湘江。红五师当面的敌人是桂军“精锐”第七军的两个师和湘军十五师一部。桂军第七军是北伐战争的主力部队，与第四军被称为“铁军”相对应，第七军有“钢军”之誉。因此，当时百色起义的部队使用了“红七军”的称谓。而五师师长李天佑当年参加了红七军，在百色起义时是桂军第七军的老对手。然而要以一个师的兵力对付三个师的敌人，困难可想而知。一是人数、装备悬殊，二是桂军地形熟悉，还常采用游击战术，派小股部队袭击红军阵地，五师每前进一步，都要经过激烈的交战，但军委命令是“不惜一切代价，全力坚持三天四夜”。

湘江战役新圩阻击战遗址

新圩阻击战

在这次战斗中，红五师的第十四、第十五团指战员在敌我兵力悬殊的不利情况下，与敌人一个山头一个山头地拼死争夺，浴血奋战三昼夜，3000多名红军顶住了桂军近万人的强攻，予敌重创，为掩护中革军委和红军主力渡过湘江赢得宝贵时间，但自己也付出了惨重的代价，伤亡2000余人，红五师参谋长胡震、红十四团团长黄冕昌以及副团长、参谋长、政治处主任等若干人英勇牺牲，红十五团团长、政治委员和红十四团政治委员身负重伤，营以下干部大部牺牲。

李天佑后来回忆当时的紧张情况说：几乎每一份电报都要求我们“继续坚持”。我知道，我们的任务是繁重的，稍一不慎，让敌人进到新墟（即新圩），那后果就不堪设想了。但我也深深地感觉到：我们的后方机关是太庞大了，从第五次反“围剿”防御失败以后，仓促地转入长征，又不好好地精简组织，坛坛罐罐什么都带上，使得我们的行动迟缓，有些能够摆脱的形势也摆脱不了，不能主动歼敌不说，现在还不得不付出更大的代价来掩护这庞大的机构转移。我不由得暗自希望中央纵队走快一些——他们走快一步，这里就减少一点伤亡。

11月29日，红三军团第四师第十团在界首南光华铺打响了阻击战。光华铺距界首只有几公里，为一片宽广的开阔地，对红军防守十分不利。至12月1日，红三军团第四师第十团在此阻击了桂军四个团的进攻，完成了掩护中央红军抢渡湘江的艰巨任务，与全州脚山铺、灌阳新圩组成了湘江战役的三大阻击战场。红十团团长沈述清、四师参谋长（继任团长）杜中美等400多名红军指战员壮烈牺牲。

国道322线（桂黄公路）上竖立的“光华铺阻击战旧址”标示牌

亲历光华铺阻击战的时任红三军团第四师第十团第三营营长的张震后来这样描述当时的战况：我们自30日凌晨到12月1日，不惜一切代价，在光华铺与敌展开了殊死搏斗。团长沈述清率领一营在与敌反复争夺中，战死在湘江畔。上级决定由师参谋长杜中美代理十团团长。他赶到指挥所不久，也在下午的一次阵前反冲击中中弹牺牲。团政委杨勇闻讯便马上接替指挥。他打仗从来奋勇当先，几度危急之时，都是他带领全团坚决实施反击，守住了阵地。我营也打得非常艰苦，七连连长谢兴福在上午的战斗中负了伤，一直坚持战斗，中午又不幸身中数弹，英勇捐躯。全营指战员前仆后继，视死如归，因伤亡过大，一度被转为团的第二梯队，稍事休整后又投入战斗。由于敌我双方都没有工事作依托，在江边来回“拉锯”，反复拼杀。晚上，我五师部队赶到，但桂系的增援部队也陆续到达。面对优势的敌军，五师也打得非常英勇，付出了沉重代价。就这样，我们和兄弟部队一起，完成了掩护中央机关和军委纵队在界首渡江的任务。

今日脚山铺

经过从28日到30日的左、右两翼阻击战，中央红军以大的代价，终于保住了向湘江前进的通道，使中共中央、中革军委及直属机关得以顺利通过湘江。

12月1日，是关键的一天。“1日战斗，关系我野战军全部西进，胜利可开辟今后的发展前途，退则我野战军将被敌层层切断。”[1]激烈的战斗主要是在脚山铺进行。战场上，硝烟弥漫、杀声震天。在红一军团十多公里的第二道阻击线上，在茂密的松林间，红军与湘军展开了拼死拼活的白刃战。与此同时，红三军团第六师第十八团在新圩红树脚、第四师在光华铺地域也和桂军进行着激烈战斗，为掩护后续部队相继过江争得了时间。

[1] 中共中央局、中革军委、总政治部12月1日3点半致林彪、聂荣臻、彭德怀、杨尚昆电。

此时，蒋介石的空军和桂系的空军轮番出动，轰炸正在过江的红军。红军工兵连的战士冒着敌人的弹雨，跳进冰凉刺骨的江水中抢修浮桥。可是桥刚抢修好，战士还没爬上岸，敌机又来了，扔下的炸弹将浮桥炸成数段。断裂的竹竿、木板、木棒，在汹涌的江中拥来挤去，混合着倒下的红军战士尸体，湘江泛起缕缕血水。混乱不堪的江边，行李、挑子、辎重、机器、马匹等四散在小山丘上，一堆堆的书籍、文件、地图，有的被扯得七零八落，散得满地都是，有的正在被烧毁，随风的火舌舔卷着江边枯黄的野草。

红军主力至中午渡过湘江，进入西延地区。国民党军会师于湘江边，湘江全被封锁。

湘江血战（作者：张庆涛）

敌机轰炸扫射渡江的中央红军（作者：沈尧伊）

红三军团第六师第十八团，是掩护大部队过江的最后的后卫部队。为了掩护主力部队过江，该团在敌众我寡的不利情况下，与桂军三个师展开激战。经过两昼夜的奋力拼搏，完成了掩护红八

酒海井

红军从新圩被迫撤退时，100多名重伤员来不及运走，他们被民团用棕绳捆住头和脚，丢进酒海井而壮烈牺牲。

军团大部队渡江的任务。可是，该团在由新圩向湘江两岸撤退中，被桂军分割包围。最后，在陈家背地区与数十倍于己的敌军战至弹尽粮绝，大部分指战员壮烈牺牲。

在新圩、光华铺、脚山铺阻击战的同时，担任红军总后卫的红五军团，在永安关、水车一带阻击“追剿”军第三路的追击，掩护军委纵队及红军主力渡过湘江。红五军团只有第三十四师和第十三师两个师。红十三师掩护全军过了湘江之后，奉令从12月1日晚上9点多开始，跑了90多里赶到湘江边，在红三十四师的全力掩护下，部队大部分渡过江去。然而，红三十四师却被阻于湘江东岸，陷入桂军、湘军、国民党中央军和地方民团的重重包围之中，经过血战，突围后转战于灌阳、道县一带，虽经英勇战斗，予敌重大杀伤，终因寡不敌众，弹尽粮绝，全军覆没。

红五军团第三十四师突围旧址

陈树湘宁死不屈

在红十三师部队还没有渡完的时候，敌军已占领了界首渡口，并封锁了过湘江的一切通道。陈树湘师长率领的红三十四师5000多人陷入数十倍于己的敌人包围之中。红三十四师孤军奋战，奋勇拼杀，弹尽粮绝，最后大部分壮烈牺牲，却没有一个人投降。陈树湘率领不足200人，拼力杀出一条血路，突出重围，转战于灌阳、道县一带。但是，在敌人的连续追杀下，全军覆没。师长陈树湘身负重伤，不幸被俘。敌保安司令听说抓到红军师长，高兴得发狂，命令他的部下，将陈树湘抬着去向上级邀功领赏。陈树湘为了不使敌人的企图得逞，趁敌不备，用手从腹部伤口处绞断了肠子，壮烈牺牲，年仅29岁。陈树湘牺牲后，敌人残忍地割下他的头颅，送回他的原籍长沙县，挂在了小吴门的城墙上。

陈树湘（作者：白展望）

广西兴安的湘江战役纪念馆

突破敌人的第四道封锁线，是长征以来中央红军最紧张激烈的一次战斗。广大指战员英勇奋战，但由于“左”倾领导者的错误指挥，红三军团第六师十八团和红五军团第三十四师被阻湘江，其他部队也遭受重大损失。红军总人数从长征出发时的8.6万余人锐减至三万余人。

湘江战役以后，广大红军指战员对“左”倾领导者越来越不满，认为仗不能再这样打下去。再这样下去，所剩三万余红军的前途只有毁灭。湘江一战，宣告了“左”倾冒险主义军事指导的破产。血的事实逐步使大家认识到，只有改变“左”倾冒险主义军事领导，红军才能取得主动，长征才能取得胜利。

对此，刘伯承回忆道：广大干部眼看反第五次“围剿”以来，迭次失利，这次又几乎濒于绝境。与反第四次“围剿”以前的情况对比一下，逐渐觉悟到这是排斥了以毛泽东同志为代表的正确路线、贯彻执行了错误的路线所致，部队中明显地滋长了怀疑不满和积极要求改变领导的情绪。这种情绪，随着红军转移途中的失利，日益显著，湘江战役，达到了顶点。

第三章

转兵贵州

中央红军渡过湘江后，国民党政府判明红军将沿湘桂边境北上湘西同红二、红六军团会合，已在沿途布下重兵。博古、李德无视敌情，仍然坚持按原计划前进。在危急关头，毛泽东力主立即转兵向西，到敌人力量薄弱的贵州去开辟新的根据地。1934年12月12日，中共中央负责人在湖南通道举行会议。参加会议的张闻天、王稼祥、周恩来等多数同志赞成和支持毛泽东提出的上述转向的方针。但李德等人拒不接受。12月18日，中央政治局在贵州黎平举行会议，经过激烈争论，毛泽东的这一建议得到与会多数同志的赞同，通过了《中央政治局关于战略方针之决定》。12月31日晚至次日凌晨，中共中央在猴场召开政治局会议，提出首先在以遵义为中心的黔北地区，然后向川南创建川黔边新的根据地的战略任务。会后，红军强渡乌江。战略转兵的实现，使中央红军避免了陷入敌军重围的危险，取得了主动权。

一、跋涉越城岭

红军渡过湘江以后，即向越城岭及其以西的西延地域前进。当时，刚刚经过湘江战役，部队极度疲劳，建制不整，军委决定在西延地域休整一两天。然后，按照原定计划沿着红六军团的路线前进。而蒋介石划分湘桂黔三省的守备区域，企图将红军歼灭于湘江以西。在这种情况下，中共中央、中革军委仍然于12月4日决定红军“继续西进至通道以南及播扬所、长安堡地域”，准备北出湘西与红二、红六军团会合。于是，红军很快进入桂北越城岭、老山界山区。

老山界是红军长征以来遇到的第一座高山。它是越城岭山脉的中段分支，南北长约21公里，东西宽约六公里。其主峰名猫儿山，海拔2000多米，是越城岭的最高峰，也是五岭的最高峰。

越城岭

今日猫儿山上红军亭。左边石碑为陆定一题词："泰山之雄、华山之险、庐山之幽、峨嵋山之秀"。

越城岭山高路陡，红军大军拥塞，行动缓慢。特别是在险峻的雷公岩下，摔死了不少骡马。

雷公岩下路难行，红军指战员夜宿山路旁（作者：沈尧伊）

对于越城岭难行，时任红军总政治部宣传部干事的陆定一这样说：

下午才开始走，沿着山沟向上。前面不知为什么走不动，等了好久才走了几步，又要停下来等。队伍挤得紧紧的，站得倦了，就在路旁坐下来，等前面发起喊来了“走走走！”于是再站起来走。满望着可以多走一段，但不到几步，又要停下来。

……

又传下命令来，要队伍今天无论如何越过这座山，因为山很难走，一路上并须进行鼓励，督促前进……

过了不多远，看见昨晚所说的“峭壁上的路”，也就是所谓“雷公岩”的，果然陡极了，几乎是90度的垂直的石梯，只有一尺多宽。旁边就是悬崖，虽不是很深，但也是怕人的。崖下已经聚集着很多的马匹，都是昨晚不能过去，要等今天全纵队过完了才过去。有几匹马曾从崖上跌下去，脚骨都断了。

1934年12月4日，红军到达桂北山区龙胜县境。龙胜属广西省，境内居住着苗族、瑶族和侗族等少数民族，由于民族隔阂和国民党特务的造谣，不少群众逃到山上，给红军增加了许多困难。

红军经过的桂北岜团侗寨

李宗仁、白崇禧的部队胁迫老百姓对我们实行坚壁清野，当地民团和我们展开了麻雀战。他们在这个山头上朝你放几枪，你追上去，他们又转移到另一个山头上朝你放几枪。他们还派坏人在我们住的村庄偷偷地纵火，诡称是红军放的火，用来蛊惑群众。被我们捉住揭露了。在大瑶山地区的行军是很艰苦的，没有粮食吃，还要对付民团的麻雀战。

——时任红一军团政治委员聂荣臻的回忆

出发以来，罗荣桓主任一再强调要各单位注意做好沿途的群众工作，我们无线电队在这方面一直做得不错，几次受到军团政治部的表扬。可是，在苗山上，连个人影都找不到，又如何进行群众工作呢？连续的山地行军，使同志们相当疲劳，最糟糕的是粮食也快吃光了。

——时任红八军团无线电分队政治委员兼党总支副书记袁光的回忆

12月10日，中央红军到达龙胜县平等乡龙坪寨。入夜，寨子突然起火。火借风势，大半个寨子成了一片火海。周恩来站在寨子最高处的“杨氏鼓楼”上，现场指挥红军指战员救火。经过广大指战员奋不顾身的扑救，“杨氏鼓楼”和东面的半个寨子被救了下来。其后，红军抓获了几名纵火犯。天亮后，红军在祠堂召开群众大会，揭露了国民党派遣特务纵火嫁祸红军的卑鄙行径，使广大群众明白了真相。红军还拿出数目不菲的大洋给火灾中受损的群众。这时，群众知道了红军是保护穷人的部队，当初害怕红军而逃进山里的群众纷纷返回村庄。红军离开时，他们为红军当向导、做挑夫。当地群众为纪念这段事情，将“杨氏鼓楼”改名为“红军楼”，把审判国民党纵火特务的祠堂称为“审敌堂”。

龙坪寨的红军楼

龙坪寨“审敌堂”

二、战略转兵

1934年12月11日，中央红军由龙胜、城步、绥宁经过艰苦行军，占领湖南西南角的通道县城。

城步长安营村

1934年12月9日，红九军团从城步南山镇进至长安营乡。此地古称横岭峒，于清乾隆六年（1741）在长安坪设置军事重镇——长安营。民国初年，改横岭峒为横岭乡。新中国成立后改称长安乡。1995年，称长安营乡。

通道老城（今通道县县溪镇）

这时，国民党当局判断红军将沿湘桂边境北上湘西同红二、红六军团会合，已在城步、绥宁、靖县、洪江、武冈等地布下重兵，构筑工事，张网以待。博古、李德仍然坚持按原计划进军，这将使中央红军面临全军覆没的危险。

在这危急关头，毛泽东根据敌我双方的军事态势，建议中央红军放弃北上同红二、红六军团会合的原定计划，立即转兵向西，到敌军力量比较薄弱的贵州去开辟新的根据地。1934年12月12日，中共中央负责人在湖南通道举行紧急会议。参加会议的张闻天、王稼祥、周恩来等多数同志赞成和支持毛泽东提出的上述转向的方针。

通道县恭城书院——当地的史志工作者将这里作为通道会议纪念馆

通道转兵纪念馆，位于湖南省通道县县溪镇，2014年12月开馆

12月15日，红军先头部队攻占黎平。17日，军委纵队进驻黎平。各路国民党军远离中央红军约三天的路程，这为中共中央在黎平召开政治局会议赢得了时间。

↑ 中央红军进入贵州的第一个村寨——黎平县三省坡

↓ 黎平旧照

黎平位于黔、桂、湘三省交界处，地形复杂，交通不便，此处有利于红军隐蔽集结，而不利于敌军的重兵运动。加上三省军阀之间的矛盾和三省军阀与蒋介石的矛盾，黎平周边敌军的力量十分薄弱。来到黎平的红军指战员看到："黎平县城是在山顶上，四周群山环抱，看不到一块平地，各个山峰，像巨人一样矗立着。苍郁的山峦埋藏着多少宝贵的财富啊！可是这里的人民却一贫如洗，十室九空，一点粮食都没有——仅有的一点点粮食已被国民党军阀苛捐杂税抽光了。而黎平国民党县政府的仓库，稻谷却堆积如山，这就是剥削人民血汗的见证。"于是红军"到达黎平时，伪政府的人员已经仓皇逃跑，顾不上运走或者烧毁这些粮食"。红军"打开仓库，把谷子分给群众，家家户户都分到了谷子，个个欢天喜地"。

——时任军委纵队第四分队党支部书记戴镜元的相关回忆

执行民族政策，赢得人民拥护

贵州苗家女（作者：黄镇）

苗族是我国西南地区的少数民族之一，大部分居住在贵州地区。中央红军在翻过老山界后，就进入苗山苗民区域。1934年12月，中央红军刚进入贵州黎平县时，总政治部就立即通知全军，并且在布告中指出："没收地主的土地分配给农民；对于苗、瑶等少数民族，主张民族自决、民族平等，与汉族工农同等待遇，反对汉族的地主财富佬的压迫。"因此，苗族人民群众拥护中国共产党的民族政策，热烈地欢迎红军。在红军经过的广大苗族地区，苗族人民群众纷纷起来，支援红军，参加红军，有的还组织了自卫队，在当地坚持武装斗争。

12月18日，中共中央在贵州黎平召开政治局扩大会议，讨论的中心议题，是从老山界开始争论，通道会议又悬而未决的问题，即中央红军向何处去的紧迫问题。会议根据周恩来、朱德、张闻天、王稼祥等多数人的意见，否定了博古、李德的错误主张，肯定了毛泽东转兵贵州的正确主张，并通过《中共中央政治局关于战略方针之决定》，指出："鉴于目前所形成之情况，政治局认为过去在湘西创立新的苏维埃根据地的决定在目前已经是不可能的，并且是不适宜的。"

← 黎平会议（作者：孙向阳）

↓ 黎平会议旧址

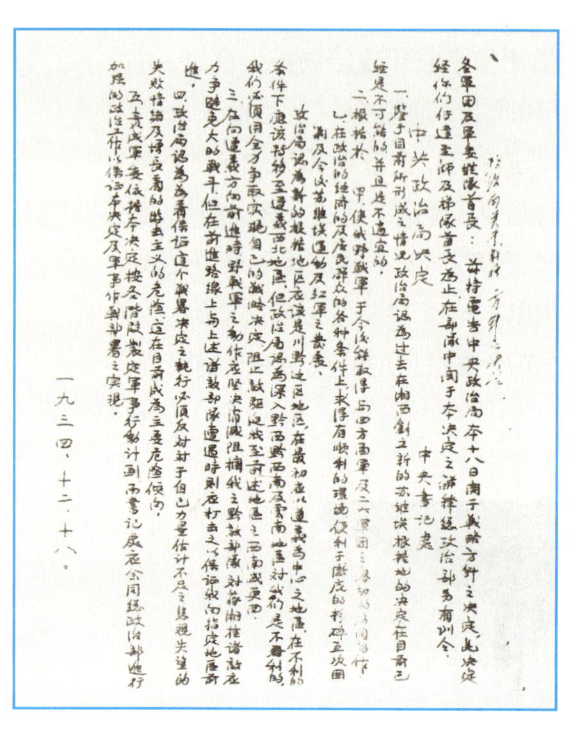

各军团及军委纵队首长：兹特电告中央政治局本十八日关于战略方针之决定，此决定经你们传达至师及梯队首长为止，在部队中关于本决定之解释总政治部另有训令。

中央书记处

中央政治局决定

一、鉴于目前所形成之情况，政治局认为过去在湘西创立新的苏维埃根据地的决定在目前已经是不可能的并且是不适宜的。

二、根据：甲、使我野战军于今后能取得与四方面军及二六军团之密切的协同动作。乙、在政治的经济的及居民群众的各种条件上，求得有顺利的环境，便利于彻底的打破五次围剿及今后苏维埃运动及红军之发展。

政治局认为新的根据地区应该是川黔边区地区，在最初应以遵义为中心之地区，在不利的条件下应该转移至遵义西北地区，但政治局认为深入黔西、黔西南及云南地区对我们是不利的。我们必须用全力争取实现自己的战略决定，阻止敌驱迫我至黔西地区之西南或更西。

三、在向遵义方向前进时，野战军之动作应坚决消灭阻拦我之黔敌部队，对蒋湘桂诸敌应力争避免大的战斗，但在前进路线上与上述诸敌部队遭遇时则应打击之，以保证我向指定地区前进。

四、政治局认为为着保证这个战略决定之执行，必须反对对于自己力量估计不足之悲观失望的失败情绪及增长着的游击主义的危险，这在目前成为主要危险倾向。

五、责成军委依据本决定按各阶段制定军事行动计划，而书记处应会同总政治部进行加强的政治工作，以保证本决定及军事作战部署之实现。

一九三四、十二、十八。

黎平会议决议

黎平敖市镇秦溪村凌云塔围墙上的红军标语

红军在黎平书写的标语，绝大部分被国民党政府洗刷掉了，其中黎平敖市镇秦溪村凌云塔的围墙上写下的“武装起来行动起来要打倒土豪分田地”，是黎平境内保存最完整的一条标语。

根据黎平会议的决定，12月20日，中央红军分三路纵队向以遵义为中心的黔北进军。右纵队红一军团经剑河西进，于25日攻占镇远，26日占施秉；红九军团随红一军团后跟进，由剑河北渡清水江，配合红一军团夺取镇远，并警戒红军右翼。左纵队红三军团经南加、南哨地区，于24日进占台拱以南地区；军委纵队作为中纵队，24日进到剑河；红五军团随军委纵队之后，于24日到达南哨地区。

红军长征过施秉留下的标语

红军长征经过的剑河南哨山寨

贵州居民之贫苦真是远非我等居住于江浙十里洋场者所能想象。做庄稼的（农民）冬穿单衣，且无完整者。每人有一件已补缝千百次的“家常衣”，小孩则隆冬还是一丝不挂。当我等行军经过时，立于路边之小孩，正在发抖。而居民唯一御冬之物，即为“烤火”。也真是“天无绝人之路”，在这个贫穷的地域中，煤炭却到处可得。上海卖30余元一吨之无烟煤，那里只要一吊钱，而且一元大洋要兑20余吊。当我等行经剑河县附近之某村落时，见路边有一老妇与一童子，身穿单衣，倒于路边，气息尚存。询之，始知为当地农家妇，秋收之后，所收获之谷米，尽交绅粮（地租），自己则终日乞食，因今日气候骤寒，且晨起即未得食，故倒卧路旁。正询问间，红军领袖毛泽东至，告以老妇所言。当时毛即时从身上脱下毛线衣一件及行李中取出布被单一条，授于老妇，并命人给以白米一斗。老妇则连连道谢含笑而去。

毛泽东脱衣赠群众（作者：黄天虎）

——选自《随军西行见闻录》

这是陈云1935年秋所写的一篇文章。最早于1936年发表在中国共产党主办的巴黎《全民月刊》，同年在莫斯科出版单行本。当时为便于在国民党统治区流传，作者署名廉臣，并在文内假托为一名被红军俘虏的国民党军医。

1934年底，中央红军占领乌江南岸的猴场。这时，博古、李德等人仍反对中央红军向黔北进军。为此，中共中央政治局于1935年1月1日在贵州瓮安猴场召开会议，重申黎平会议决定，批评博古、李德等人提出的错误主张，决定中央红军迅速抢渡乌江，攻占遵义。

← 猴场会议会址

↓ 猴场会议会址

猴场会议通过了《关于野战军通过乌江以后的行动方针的决定》，强调指出：中央红军渡过乌江后，“主要的是和蒋介石主力部队（如薛岳的第二兵团或其他部队）作战，首先消灭他的一部，来彻底粉碎五次‘围剿’，建立川黔边新苏区根据地。首先以遵义为中心的黔北地区，然后向川南发展，是目前最中心的任务”。决定指出：“必须尽量利用我们所争取得的时间，使部队得到短期的休息，并进行整顿、补充工作。特别加强在连队中的政治工作。”“军委纵队必须继续缩小，以适合于新的作战环境。”

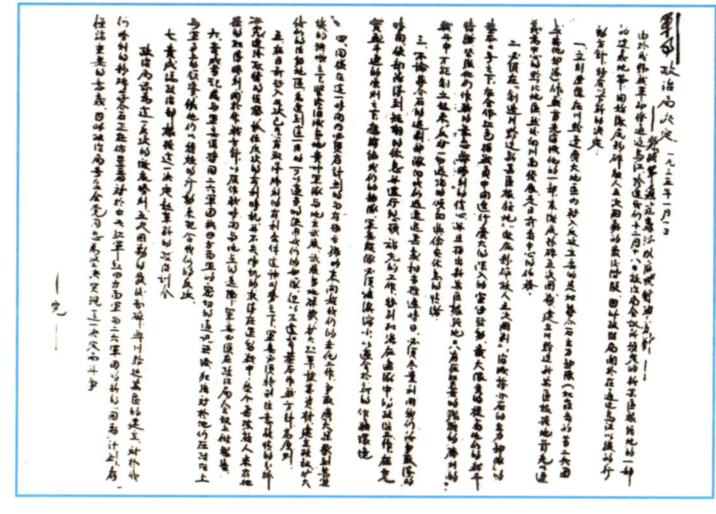

政治局决定 一九三五年一月一日

→ 猴场会议决议
↓ 猴场会议陈列馆

猴场过新年

猴场在乌江南岸，那时正逢阳历新年。天气很冷，红军战士们穿的还是单衣，不少老同志、老大姐的棉衣也没有着落。部队给每人发了一点小费过年。由于饥饿和寒冷，红军指战员的情绪有些低沉。董必武找人商量，要像苏区过年一样，干部休养连开一个新年晚会，娱乐一下，鼓舞大家斗志。听说要开晚会，大家的情绪高涨起来。炊事班炖了一大锅菜，还做了糯米糍粑，同志们美美吃了一顿。晚饭后，连队的政治干事上山采来松枝燃起篝火。大家围着篝火坐成一圈，剥着花生，嗑着瓜子，说说笑笑。董必武把红军从总部了解到的战略意图，向大家讲解说明当前部队的行军口号是“突破乌江”，“拿下遵（义）桐（梓）”，胜利在望。之后，晚会开始了。蔡畅唱了《马赛曲》，徐特立讲故事，李伯钊唱了兴国、福建的山歌、苏联的歌曲，还跳了苏联海军舞等。最后大家一起唱歌。歌曲驱走了严寒和黑暗。

三、强渡乌江

中央红军为执行猴场会议的决定，决心在敌军未完成合围之前，迅速抢渡乌江，向敌军力量薄弱的黔北挺进，开创川黔边苏区。

乌江，又名黔江，是贵州的第一道大江，两岸是高耸入云的悬崖绝壁，江面波涛汹涌，最大水流速度每秒钟在两米左右，明暗礁石很多，自古有天险之称。负责乌江防线的黔军侯之担严密布防，他甚至夸口说，共军远征，长途跋涉，疲惫之师必难飞渡。

乌江峡谷——红军抢渡乌江时的战场

中革军委为打破敌军的企图，确定1935年1月1日红军的行动如下：红一军团以红二师加强军委工兵两个连，进至江界河渡河点附近架桥，以便红二师主力及军委纵队、红五军团由此渡江；红一师进至回龙场及其附近地域架桥，以便军团主力由此渡江；红九军团应在回龙场、袁家渡及其以北地区掩护红一军团之侧后，并受红一军团指挥；红三军团第四师应前进至清水口渡河点之地域，准备架桥。

回龙场渡口

按照中革军委的命令，红一军团第一师第一团于1935年1月1日到达乌江回龙场渡口。团长杨得志等到附近村庄调查，发现村子里不仅无船，就连一只桨，甚至一块像样的木板也难以找到，船渡显然是不可能了。架桥呢？不要说没有材料，就是有，因水流湍急，敌人居高临下，汹涌的波涛也将毫不费力地把人吞没。

红一团团长杨得志和政委黎林到处寻找可以架桥的材料。

忽然发现江中漂着一样东西，仔细一看，原来是一节很粗的竹竿。它漂在江心，随着风浪的冲击起伏着，旋转着。尽管一个一个浪头淹没了它，浪头一过，它却又顽强地浮出了水面。看着这一起一落的竹竿，我兴奋地拉了拉身旁的黎林同志，指着江面说："你看！"

黎林同志顺着我指的方向一看，飞快地瞥了我一眼，说："扎竹排！"

……

大约三个小时左右，便扎成了一个一丈多宽，两丈多长的竹排。这一来，大家的情绪更高了。战士们纷纷争着报名，要划第一只竹排冲过乌江去。

……

"一定要渡过去！"我们把继续渡江的任务交给了一营营长孙继先同志。

战士们并没有被刚才的不幸吓倒，都争先恐后地向营长请求任务。平静的江滩又开始活跃起来。孙营长好不容易才说服了大家，然后挑选了十几名战士。他们的装备和渡江工具与方才一样，不同的是渡江的起点换到下游几十米处水流较缓的地方了，竹排上又增加了几个扶手。

渡江又开始了。十几位战士跳上竹排……

我们借着江两岸闪动的红光，顶着风，冒着雨，披着雪粒和浪花，行进在烈马般的乌江江面上！

——时任红一军团第一师第一团团长杨得志的回忆

就这样，突击队在火力掩护下，竹筏一个接一个地划过乌江，消灭和驱逐了对岸守军，占领了滩头阵地，并掩护后续部队渡江。至1月4日，红一军团主力及红九军团由此渡江完毕。

扎竹排强渡乌江时的情景（作者：沈尧伊）

与此同时，红一军团二师师长陈光率领四团为前卫，于1月1日逼近江界河渡口。团长耿飚、政委杨成武发现渡口大道是国民党军防御的重点，而渡口上游500米处，则有一条横的小路与大道相通，勉强可以行人，国民党军对此疏于戒备。

江界河渡口

因此，他们决定：以一部兵力佯攻渡口大道，集中主力强攻渡口上游的小道；强渡由第三连连长毛振华率七位水性好的战士泅渡，计划用绳索架桥，但由于绳索被国民党军炮轰炸断，没有成功。晚上，他们又组织了18位战士乘竹筏偷渡，但只有毛振华等所乘的竹筏划向对岸。上岸后，毛振华和战士们潜伏在石崖下。同时，红四团遵照军委迅速渡江的要求，紧急动员，绑扎60多个竹筏强渡。2日9时，突击队员乘坐竹筏，在炮火的掩护下，奋勇前进，在接近对岸时，石崖下潜伏了一夜的毛振华等突然冲入敌人的战壕，以迅雷不及掩耳之势压制了敌人的前方火力，保证了大部队顺利渡过乌江。工兵部队迅速架起浮桥，至3日，军委纵队和红五军团由此相继渡过乌江。

强渡乌江（作者：魏传义）

潜伏一夜出奇兵

毛振华等人摸黑靠上了对岸，但是久等后续部队也不见人来。他们听到头上几米远的地方有敌人，因此不能按照预定的打手电、划火柴等方式联络大部队。在这困难情况下，他们只好在敌人工事底下潜伏起来，等待时机。天空又飘起雪来寒风呼啸着，江边分外的冷，身着褴褛军装的毛连长他们紧紧地抱在一起，用彼此的体温抗御风寒。半夜，毛连长突然发现一个年轻的机枪手不见了，其余人到处摸黑寻找也不见踪影。有的同志开始怀疑了，这个同志是位刚从白军中过来的新战士，会不会经不起恶劣环境的考验，在生死关头动摇了？有人提议立即转移，或是拼着性命冲上去，向敌人作最后一击。但是毛连长分析了一下情况之后，说："不会"，并压低声音说服了同志们。他说："万一被敌人发觉，我们就等着敌人靠拢，然后用手榴弹对付他们，敲掉一些敌人后，再往山里撤！"过了一会儿，果真那位同志回来了。原来这位新战士拉肚子了。毛连长问他："为什么不拉在旁边，走出去不怕敌人发觉？"那位战士笑笑说："我怕拉在这里太臭！"第二天拂晓，当强渡的大队竹筏快接近岸边时，这六位勇士才出其不意从敌人鼻子底下跃了出来。

——时任红一军团第二师第四团政治委员杨成武的相关回忆

1月5日，红军左路纵队红三军团进至茶山关渡口，从这里抢渡乌江。茶山关，明代称河渡关，关口高出江面300余米，关下渡口名为茶山渡，江流湍急，切谷穿峡。但是，守在此处的国民党军听闻回龙场、江界河渡口已失守，不战而逃。6日，红三军团顺利渡过乌江，并向遵义前进。

至1935年1月6日，中央红军全部渡过乌江天险。强渡乌江是中央红军长征以来取得的第一个伟大胜利，打破了蒋介石企图在此歼灭红军的计划，为遵义会议的召开及黔北革命根据地的建立奠定了坚实的基础。

茶山关渡口

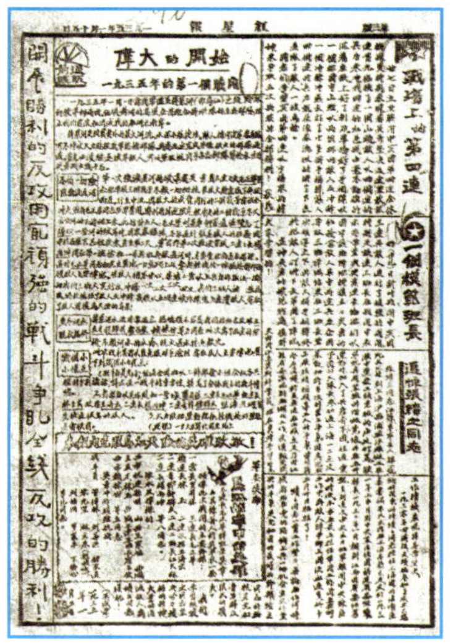

開展勝利的反攻用最頑強的戰斗爭取全綫反攻的勝利！

↑ 《红星》报报道红军强渡乌江的英雄事迹

→ 突破乌江英模名录

突破乌江英模名录

姓 名	部 职 别	何时何地的战斗英雄
毛振华	第1军团2师4团1营3连连长	1935年1月1日突破乌江（军委授予红星奖章）
罗有保	第1军团2师4团1营营长	1935年1月1日突破乌江（军委授予战斗英雄）
林 玉	第1军团2师4团1营机枪连连长	1935年1月1日突破乌江（军委授予战斗英雄）
杨尚坤	第1军团2师4团1营2连连长	1935年1月1日突破乌江（军委授予战斗英雄）
王海云	第1军团2师4团1营2连政指	1935年1月1日突破乌江（军委授予战斗英雄）
钟锦友	第1军团2师4团1营2连青年干事	1935年1月1日突破乌江（军委授予战斗英雄）
江大标	第1军团2师4团1营2连2班班长	1935年1月1日突破乌江（军委授予战斗英雄）
孙 明	第1军团2师6团机枪	1935年1月1日突破乌江（军委授予战斗英雄）
王家福	第1军团2师师部	1935年1月1日突破乌江（军委授予战斗英雄）
王友才	第1军团2师4团	1935年1月1日突破乌江（军委授予战斗英雄）
唐占饮	第1军团2师4团1营2连3班班长	1935年1月1日突破乌江（军委授予战斗英雄）
赖采份	第1军团2师6团	1935年1月1日突破乌江（军委授予战斗英雄）
羽辉明	第1军团2师6团机枪连	1935年1月1日突破乌江（军委授予战斗英雄）
曾传林	第1军团2师6团战斗员	1935年1月1日突破乌江（军委授予战斗英雄）
刘昌洪	第1军团2师战斗员	1935年1月1日突破乌江（军委授予战斗英雄）
钟家通	第1军团2师战斗员	1935年1月1日突破乌江（军委授予战斗英雄）
朱光宜	第1军团2师战斗员	1935年1月1日突破乌江（军委授予战斗英雄）
林文来	第1军团2师战斗员	1935年1月1日突破乌江（军委授予战斗英雄）
刘福炳	第1军团2师战斗员	1935年1月1日突破乌江（军委授予战斗英雄）
罗家平	第1军团2师战斗员	1935年1月1日突破乌江（军委授予战斗英雄）
丁胜心	第1军团2师战斗员	1935年1月1日突破乌江（军委授予战斗英雄）
温赞元	第1军团2师战斗员	1935年1月1日突破乌江（军委授予战斗英雄）

四、智取遵义

中央红军渡过乌江后，中革军委总参谋长刘伯承为了迅速夺取遵义城，亲率红一军团第二师第六团向遵义疾进。

遵义城全景

1935年1月6日下午，红一军团第二师第六团攻占离遵义15公里的外围据点深溪水，从俘虏口中得悉遵义城有敌军三个团，对红军主力的神速行动尚未察觉。为减少部队的伤亡，刘伯承批准红六团团长朱水秋、政治委员王集成的建议，以先头分队化装成敌军溃兵，智取遵义。很快，第一营第三连和侦察排及全团20多个司号员，在营长曾保堂的率领下，身着敌军的服装，让俘虏走在前面带路。趁着夜色，部队顺利到达遵义城下，向城楼上的守军喊话，他们跟城楼上敌人对答磨蹭了20多分钟，守城敌人才认为是“自己人”。当城门一开，红军立即蜂拥而入，先从两侧攻上城楼，迫敌投降。然后，20多个司号员一齐吹起了冲锋号，后续部队迅速向城内发展。前卫营在城内没费多大劲就抓了几百名俘虏，其余守敌纷纷出北门逃向桐梓。1月7日凌晨，红军胜利占领遵义城。

1月9日，中共中央、中革军委进驻遵义。遵义是黔北的首府，贵州第二大名城。这是红军长征以来所经过的第一座较大的中等城市。在即将入城的时候，红军总政治部下发了12条口号和八项注意，要求各部队广泛宣传、严格执行。同时，红军总政治部还发布布告，明确告诉群众：红军是工农群众自己的军队。

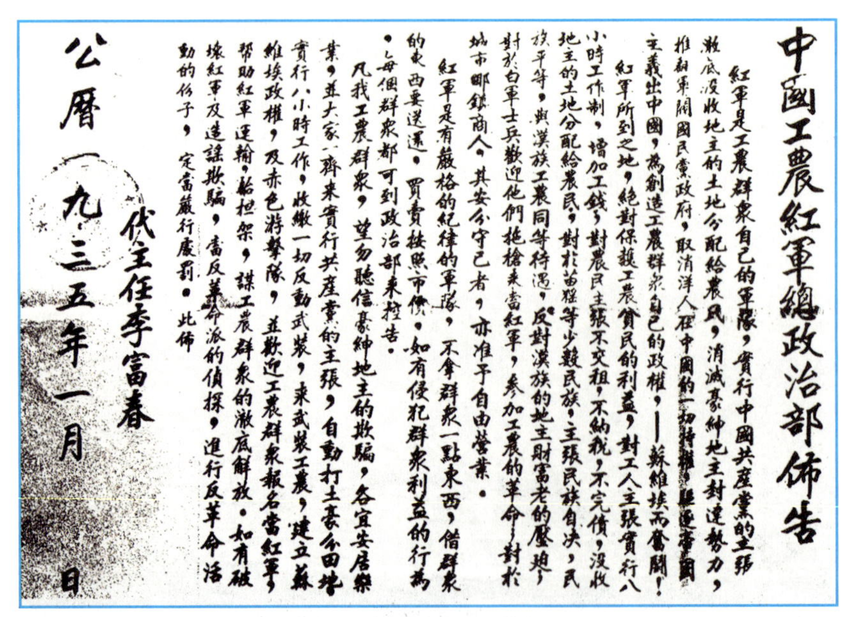
中國工農紅軍總政治部佈告

紅軍是工農群衆自己的軍隊，實行中國共產黨的主張澈底没收地主的土地分配給農民，消滅豪紳地主封建勢力，推翻軍閥國民黨政府，取消洋人在中國的一切特權，驅逐帝國主義出中國，爲創造工農群衆自己的政權，——蘇維埃而奮鬥！

紅軍所到之地，絶對保護工農貧民的利益，對工人主張實行八小時工作制，增加工錢，對農民主張不交租，不納税，不完債，没收地主的土地分配給農民，對於苗猺等少數民族，主張民族自決，民族平等，與漢族工農同等待遇，反對漢族的地主財富老的壓迫，對於白軍士兵歡迎他們拖槍來當紅軍，參加工農的革命，對於城市鄉鎮商人，其安分守己者，亦准予自由營業。

紅軍是有嚴格的紀律的軍隊，不拿群衆一點東西，借群衆的東西要送還，買賣按照市價，如有侵犯群衆利益的行為，每個群衆都可到政治部來控告。

凡我工農群衆，望勿聽信豪紳地主的欺騙，各宜安居樂業，並大家一齊來實行共產黨的主張，自動打土豪分田地實行八小時工作，收繳一切反動武裝，來武裝工農，建立蘇維埃政權，及赤色游擊隊，並歡迎工農群衆報名當紅軍，幫助紅軍運輸，擔架，謀工農群衆的澈底解放。如有破壞紅軍及造謠欺騙，當反革命派的偵探，進行反革命活動的份子，定當嚴行處罰。此佈

代主任李富春

公曆一九三五年一月 日

1935年1月红军总政治部在占领遵义城时宣布红军宗旨的布告

这一天，中央红军在遵义城举行了隆重的入城仪式。红军进城的那天，全市的工、农、学、商各界群众兴高采烈，男女老幼奔走相告，鸣放鞭炮欢迎红军。这是红军自离开中央革命根据地以来所经历的最激动人心的场面。

→ 1935年1月，中央红军从丰乐桥（后改名迎红桥）进入遵义

↓ 遵义人民迎红军（作者：范曾）

跟随着毛泽东一起进城的陈昌奉多年后回忆起当时的情景说：接近遵义城南门有一个高坡。在这个高坡上可以看到城里比较高的房屋，房屋上好像站着不少人。从这个高坡转下来遵义城就出现在面前。那天，主席是带我们和部队一起走的。我们转下高坡走不了多远，迎面就是一座石桥。只见石桥两旁挤满了人群，他们有的拿着红红绿绿的小三角旗；有的拿着插着红花的杉树枝子；还有人打着写着不少字的大横幅，一边不停地摇动，一边不停地喊："欢迎毛主席！""欢迎红军！""红军到，干人笑！"我们跟在主席后边，往前看欢迎的群众排得很长，往后瞧行进的红军没个头；左右两边更不用说，抬头看原来刚才在远处看到房屋上那些人，也是欢迎红军的哪！又是放鞭，又是放炮。真像主席在猴场讲的，来遵义过年才有味道哪！主席在群众中间，不停地向欢迎的群众点头、招手，有时候把一双大手伸得老高向群众致意。

娄山关

与此同时，中央红军主力按照中革军委的命令，以红一军团第二师推进到娄山关、桐梓地区，第一师集结在遵义东北至新街，第十五师在老蒲场；红三军团在遵义城以南的刀靶水、尚稽场、懒板凳，控制遵义通往贵阳的公路，扼守乌江北岸；红九军团在遵义东北的湄潭；红五军团在遵义的珠场；干部团驻在遵义城担负警戒任务。

↑ 贵州遵义尚稽镇红三军团某部抢渡乌江后的驻地袁氏庄园

↓ 贵州省湄潭江镇红九军团司令部旧址

1935年1月12日，中华苏维埃共和国中央政府在遵义老城第三中学操场召开群众大会。这次会议被群众称为“万人大会”，场面十分壮观。博古主持会议，由当地的一名党员周守如担任司仪。毛泽东、朱德、李富春出席大会并讲话。毛泽东讲述了中国共产党和红军的革命主张，说明中华苏维埃红色政权反对苛捐杂税，实行民主选举，没收地主豪绅的土地分配给无地或少地的农民耕种，保护民族工商业，号召工人、农民和一切劳苦大众团结起来，打倒帝国主义和国民党反动派。会上正式宣布成立遵义县革命委员会，这是遵义地区组建的第一个县级革命政府。

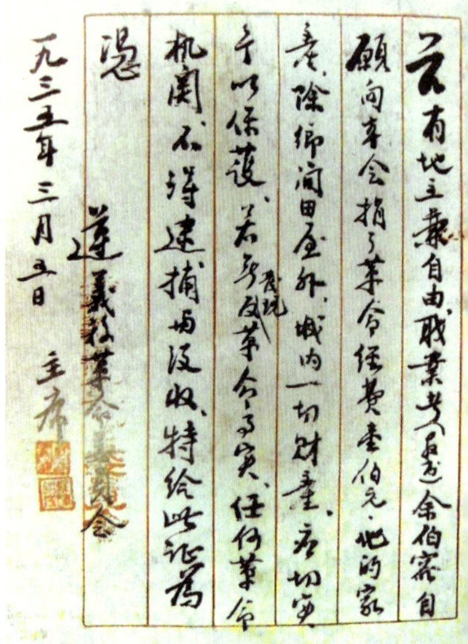

今有地主兼自由职业者（商）余伯容自
愿向革命捐了革命经费壹伯元，他的家
产，除乡间田屋外，城内一切财产，应切实
予以保护，若有冒充反革命分子、任何革命
机关，不得逮捕与没收，特给此证为
凭
遵义县革命委员会
主席
一九三五年三月五日

← 遵义老城中学操场旧址

↙ 在遵义成立的中华苏维埃国家银行旧址

↓ 1935年3月贵州遵义县革命委员会为余伯容捐献革命经费所开具的对其城内财产应予以保护的证明

1935年1月初，红军进驻遵义，国家银行开展货币发行和回笼工作。成仿吾回忆国家银行开展工作时说：我们占领遵义后，全市商店顾客盈门。特别是洋货铺、书店、面馆、酒店等。我们经过长途行军，都要补充生活用品，很多人要买文具书籍，有的人想吃回锅肉、羊肉粉等当地美味。我们很多人长期以来积累了不少纸币……这次占领遵义城，我们的中央银行行长毛泽民同志立即派人在商业中心设了兑换处。本来毛泽民同志从突围以来就有一个运输队，带了大量的货币。这次红军没收了军阀王家烈开办的盐行，除了发给贫民一部分盐外，其余低价出售，又收到大量现金。王家烈刚从上海买到的头等香烟，他准备慰劳蒋家军的，也被我们没收，低价卖给群众。所以，红军不仅买卖公平，而且纸币完全兑现，商人十分满意。

扩红成绩的总检查和今后的工作

加紧部队中的防空工作

在红军总政治部的领导和部署下，各军团都派出工作队深入群众，宣传中国共产党政策，发动群众打土豪、组织武装、建立革命政权。广大群众积极帮助红军筹粮筹款，护理伤病员，踊跃参加红军。在短短的十多天里，遵义地区就有4000余人加入红军，使红军在兵员和物资上得到了补充。中央红军帮助遵义南郊农民开展反封建斗争，建立了回山乡革命委员会。

← 《红星》报关于“扩红成绩”的报道

↓ 1935年1月遵义进步青年成立的红军之友社旧址

遵义平民医院旧址

红军在到达遵义时，医药奇缺，伤员急需医治。当场群众全力以赴，帮助红军渡过难关。1935年1月，遵义名中医谌明道将自己的太平洋药房里的大批药品捐给红军，并为收治红军伤病员而成立“平民医院”。

红军在写借条（作者：张正刚）

红军留在遵义的借条

红军二进遵义的时候，红三军团的一个连队驻在遵义城东郊的村子。由于村民听信国民党的宣传，都躲避起来，红军为解决燃眉之急，就把一个老乡的猪给杀了。临走时，为了不让主人家受到损失，红军连长留下了苏维埃币15元和一张字据。这位老乡回家后看到字据和苏维埃币，十分感动，就将字据和苏维埃币珍藏了起来。1949年11月遵义解放，老乡看到当年的红军回来了非常高兴，就按字据的说明到人民银行兑换了15年前红军买猪留下的苏维埃币。

遵义红军烈士陵园

红军烈士陵园建于1984年，坐落在遵义市城区凤凰山南麓小龙山上。烈士陵园建有红三军团参谋长邓萍墓、红军坟、钟伟剑烈士雕塑、邓萍牺牲雕塑、红军女卫生员铜像以及纪念红军长征在遵义牺牲的烈士纪念碑。

红军坟的故事

红军坟，又称红军卫生员墓。1935年，红军长征到遵义时，驻城郊桑木垭的前哨连有一位不满20岁的卫生员。恰逢当地流行伤寒病，卫生员不分昼夜、风雨无阻地走村串巷，给老百姓看病、送药、打针。某日傍晚，一名小孩哭着跑来哀求，请他到远离驻地十多里的地方为其病重的父母看病。卫生员冒着小雨到达患者家中，直到天明时患者脱险后才返回驻地。此时，卫生员却发现营地内已是人去楼空。原来连队接到命令连夜赶路去别处执行任务，连长留言让他追赶部队。然而，就在追赶的路上，卫生员不幸落入敌人的手中，被枪杀于桑木垭场口。老百姓为了报答这位小卫生员为民除病的恩情，将其尸体就地掩埋在路旁。因不知其籍贯和名字，群众只得称之为“红军坟”。墓址原在桑木垭，后迁至小龙山。后来，这一带的乡亲们在怀念这位小卫生员时，尤其是生病没法医治时，便用对待死者的传统礼仪——带上香纸蜡烛来到他的坟前。据传说也神奇，说有病的人回去后病竟然就好了。消息传开，方圆几里、十几里甚至几十里的乡亲们，有什么病灾磨难，都要到这里来上香，口称“红军菩萨多多保佑”。

红军坟

第四章

遵义会议放光芒

1935年1月15日至17日，中共中央政治局在遵义召开扩大会议。会议总结了第五次反“围剿”以来的经验教训，结束了“左”倾教条主义在中央的统治，确立了毛泽东在中共中央和红军的领导地位。而这些成果，又是在中国共产党同共产国际中断联系的情况下独立自主取得的。这次会议，在极端危急的历史关头，挽救了党，挽救了红军，挽救了中国革命。从此，中国共产党能够在以毛泽东为代表的马克思主义正确路线领导下，克服重重困难，一步步地引导中国革命走向胜利，遵义会议是党的历史上一个生死攸关的转折点，它标志着中国共产党在政治上开始走向成熟。

一、遵义会议

1935年1月15日至17日，中共中央政治局在遵义原国民党第二十五军（黔军）二师师长柏辉章的私邸召开扩大会议，决定和审议黎平会议决定的以黔北为中心建立根据地问题，总结第五次反“围剿”以来的经验与教训。这就是著名的遵义会议。

遵义会议旧址今貌

遵义会议会议室

柏辉章的公馆是当时遵义城内最好的建筑，从外面看去，高墙壁立，朱门厚重，巍峨气派。与会人员从临街的大门进入，穿越过厅，迎面是一座砖砌的影壁，其上用五彩瓷片嵌字，正面书为“慰庐”，北面则书“慎笃”。影壁后面是一个小天井，南面有小门通往四合院，北面则是主楼，楼上东侧过道有一小客厅，可容纳20余人。会场就设在这小客厅。内有红色木地板和门窗，天花板上吊着一盏煤油灯，中间摆放着一张长方形桌子，20把椅子摆成了一个长圆形。为驱赶寒冷，地板上放置着一盆炭火。

关于遵义会议是如何召开的，时任李德翻译的伍修权这样回忆说：

在进遵义以前，王稼祥同志早提出了召开中央政治局扩大会议（即遵义会议）的倡议。他首先找张闻天同志，谈了毛泽东同志的主张和自己的看法。他认为，应该撤换博古和李德，改由毛泽东同志来领导。张闻天同志也在考虑这些问题，当即支持了他的意见。接着，王稼祥同志又利用各种机会，找了其他一些负责同志，一一交换了意见，并取得了这些同志的支持。聂荣臻同志因脚伤坐担架，在行军途中听取并赞同了王稼祥同志的意见。周恩来和朱德等同志，历来就尊重毛泽东同志，在临时中央打击排斥毛泽东同志时，他们也未改变对他的态度，这次也毫不犹豫地支持了王稼祥同志的意见。正是在此大势所趋、人心所向的形势下，再加上毛泽东、王稼祥同志做了大量的工作，召开遵义会议的条件已经成熟。这时王稼祥，张闻天同志就通知博古同志，要他准备在会议上作关于第五次反“围剿”的总结报告，通知周恩来同志准备一个关于军事问题的副报告。至此，遵义会议的准备工作基本就绪。

出席遵义会议的政治局委员有毛泽东、张闻天、周恩来、朱德、陈云、博古，候补委员有王稼祥、刘少奇、邓发、凯丰（何克全），还有红军总部和各军团负责人刘伯承、李富春、林彪、聂荣臻、彭德怀、杨尚昆、李卓然，以及中央秘书长邓小平，还有李德和翻译伍修权。

毛泽东

洛甫（张闻天）

周恩来

朱德

陈云

博古（秦邦宪）

王稼祥

刘少奇

邓发

凯丰（何克全）

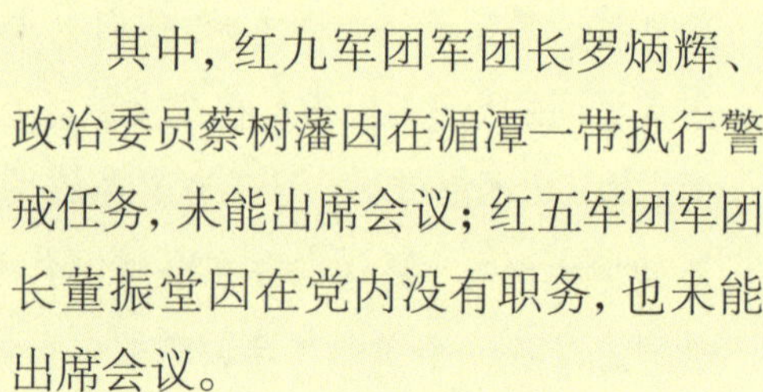
其中，红九军团军团长罗炳辉、政治委员蔡树藩因在湄潭一带执行警戒任务，未能出席会议；红五军团军团长董振堂因在党内没有职务，也未能出席会议。

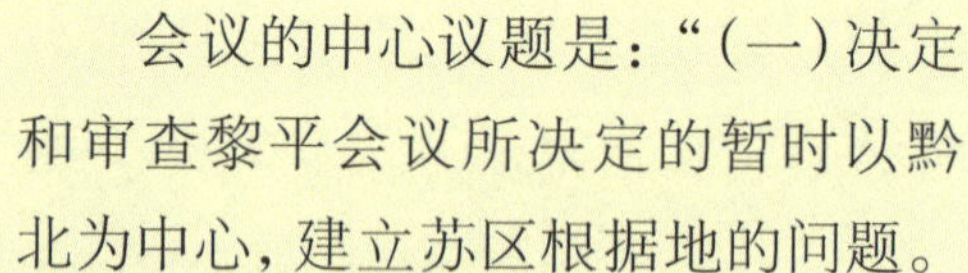
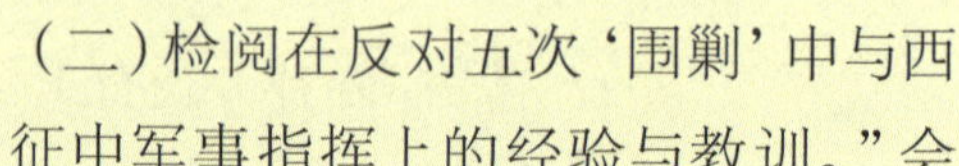
会议的中心议题是："（一）决定和审查黎平会议所决定的暂时以黔北为中心，建立苏区根据地的问题。（二）检阅在反对五次'围剿'中与西征中军事指挥上的经验与教训。"会

刘伯承

李富春

林彪

聂荣臻

彭德怀

杨尚昆

李卓然

邓小平

李德

伍修权

议主要围绕军事问题进行讨论、总结并作出决定，由党中央负责人博古主持。会议开了三天，气氛紧张激烈，每天总是开到半夜才休会。

会议首先根据刘伯承、聂荣臻的建议，分析了黔北地区是否适合建立根据地的问题。经过讨论，与会者认为这里人烟稀少，少数民族又多，党的工作基础薄弱，不便于创建根据地；决定应放弃黎平会议确定的以黔北为中心创建根据地的计划，北渡长江，同红四方面军会合，在川西或川西北创建根据地。

接着，会议讨论总结第五次反“围剿”以来的经验教训。博古作了关于反对第五次“围剿”的主报告，把第五次反“围剿”失败的主要原因归结于敌人的力量过于强大。对博古的这一结论，大家都不同意。与会人员认为，敌人的力量强大固然是反“围剿”失败的一个原因，但不是主要原因。博古在报告中强调，当时白区领导的反帝反封建运动没有显著进步，瓦解敌军的工作薄弱，游击战争薄弱，各根据地互相配合不够密切，是第五次反“围剿”失败的另外的重要原因。对此，与会者多数认

遵义会议（作者：沈尧伊）

为，这也不是主要原因。同时，博古在报告中还强调，由于中央根据地的后方工作、物资供应工作没有做好，影响了第五次反“围剿”斗争，这一点遭到与会同志的一致反对。

遵义会议期间博古住址

然后，由中革军委副主席、红军总政委周恩来作副报告。他指出，第五次反“围剿”失利的主要原因是军事领导者犯了战略战术方面的严重错误，并主动承担责任，作了自我批评，同时也批评了博古、李德的错误。

按照会前毛泽东、王稼祥商量的意见，张闻天作了反对“左”倾军事错误的报告，即“反报告”，比较系统地批评了博古、李德在军事指挥上的错误。他作的“反报告”，为遵义会议彻底否定单纯防御路线定了基调。

遵义会议期间，毛泽东、张闻天、王稼祥的住地（原为黔军旅长易怀之住址）

出席会议的红三军团政治委员杨尚昆回忆：

我当时是三军团政委，与军团长彭德怀同志一起列席了这次具有历史意义的会议。我清楚地记得，遵义会议上反对“左”倾军事路线的报告（通称“反报告”）是闻天同志作的。他作报告时手里有一个提纲，基本上是照着提纲讲的。这个提纲实际上是毛泽东、张闻天、王稼祥三位同志的集体创作而以毛泽东同志的思想为主导的。

接着，毛泽东发言，讲了大约一个多小时。他在发言中指出，第五次反“围剿”失败的主要原因决不在于客观，而是由于博古、李德实行单纯防御路线，在战略战术上犯了一系列错误。他将单纯防御路线的主要错误列举为以下四点：

第一个错误是以堡垒对堡垒。敌人采取堡垒主义，是企图避免和我们打运动战，迫使我们与其进行我们不占长处，甚至处于相当劣势的阵地战。敌人到处建筑堡垒，必然分用兵力，而且总不能老是待在堡垒里，更不可能在全国各地都建筑起堡垒来。红军可以在堡垒线的前后左右、四面八方打游击，也可以待敌前进时在运动中消灭他，或转到堡垒线外广大无堡垒的地带活动，迫使敌人不得不同我们打运动战。第五次反“围剿”的运动战的机会很多，十九路军事变就是一个打运动战的好机会。但这些极好的机会都被白白地放弃了。单纯防御路线取消运动战，以堡垒对堡垒，并用所谓“短促突击”的战术来和敌人死打硬拼，这就使敌人堡垒主义战术达到了目的。“短促突击”的结果，使红军的有生力量受到了极大的损失，每次战役总要死伤两三千人，使自1933年5月到1934年末扩大来的15万以上的新战士，除了因为政治工作的薄弱、动员扩大红军时工作上的错误而使一部分减员外，都在这个战术下损失了。

第二个错误是分散兵力。第五次反“围剿”中，敌人分东西南北四路向根据地进攻。红军兵力比敌人少，应采取诱敌深入的方针，用次要兵力吸引和牵制敌人，而把主力隐蔽集结，待机突击。但博古、李德却要“御敌于国门之外”，搞全线突击，分兵把口，节节抵御。广昌失守以后，又命令红军“六路分兵”、“全线抵御”。分兵抵御使我们兵力分散，不能集中优势兵力打击敌人的弱点。相反，使我们的力量往往被敌人在某一方向上的“佯攻”所调动，处于被动的地位。许多军事指挥员对此提出过很多不同意见，建议集中红军主力打运动战。可惜完全不被采纳，失去了很多胜利的机会。

第三个错误，军事上没有利用十九路军事变这一有利条件。博古、李德认为利用敌人内部的矛盾与冲突使自己转入反攻或进攻是冒险的行动，拒绝集中红军主力向东北突击的正确建议，相反，却把红三军团由福建西调至江西去攻打永丰等敌人的堡垒，坐等蒋介石在解决“闽变”后，重整部队，对红军重新发动进攻。这样，便失去了粉碎第五次“围剿”的好机会。

第四个错误，在战略转变上迟疑不决，在实施突围时仓促出击。广昌战役后，红军在内线作战已经失去取胜的可能性，这时应坚决地实施战略退却，将红军转移到广大无堡垒地区，寻求有利时机，转入反攻。可是博古、李德却犹豫不决，直到制定《八、九、十三个月战略计划》时才提出战略转移的问题和作出退出苏区的直接准备。然而，这一计划却依然要求红军死打硬拼，以求得重大胜利。结果，又使红军消耗了大量有生力量。在实施突围时，指挥无章，行动无序，部队出动仓促，使红军的战略突围行动变成了一种惊慌失措的逃跑和搬家式的行动。庞大的后方机关使行军作战受到困难，使所有部队变成掩护队，从而使整个红军处于被动挨打的地位，红军减员到空前的程度。

毛泽东之后发言的人是王稼祥。他表示完全赞同毛泽东的意见，严厉地批评了博古、李德违反民主集中制，在军事指挥上个人专断的恶劣作风。并且提议，撤销李德在军事上的指挥权，毛泽东应当参与军事指挥。

朱德在王稼祥之后发言，态度鲜明地支持毛泽东的正确意见。他对博古、李德军事上瞎指挥有着直接的充分的了解，因此讲话时很激动。

遵义会议期间朱德住室

伍修权回忆道：

朱德同志历来谦逊稳重，这次发言时，却声色俱厉地追究临时中央领导的错误，谴责他们排斥了毛泽东同志，依靠外国人李德弄得丢掉根据地，牺牲了多少人命！他说："如果继续这样的领导，我们就不能再跟着走下去！"周恩来同志在发言中也坚决支持毛泽东同志对"左"倾军事错误的批判，全力推举毛泽东同志为我党我军的领袖。他指出，只有改变错误的领导，红军才有希望，革命才能成功。他的发言和倡议得到了与会绝大多数同志的积极支持。

刘伯承、李富春、聂荣臻、彭德怀、李卓然等相继发言，表示支持毛泽东的发言和张闻天的"反报告"。林彪没有多讲话。在会上，公开反对"洛甫及毛、王的提纲和意见"的，只有担任少共中央书记的凯丰。他反对毛泽东的意见，甚至对毛泽东说："你懂得什么马列主义？你顶多是看了些《孙子兵法》！"并且对会议表示保留自己的意见。博古虽然是被批判的主要对象之一，但他的态度还是比较端正的，并没有借主持会议的权力去压制别人的意见。

会上被直接批判的是博古，批判博古实际上就是批判李德。因此，会议一开始，李德的处境就很尴尬。当时，别人都是围着长桌坐，他却坐在会议室的门口，处在被批判的地位上。别人发言时，他一边不停地听着伍修权的翻译，一边不断地一个劲地抽烟，神情十分沮丧。会议过程中，他也曾发言，只不过他拒绝大家对他的批评，不承认自己有什么错误，把责任推到客观原因和临时中央身上。李德本人也意识到自己是"无可奈何花落去"，失势无权了，只得硬着头皮听取大家对他的批判发言。

会议根据毛泽东、王稼祥、朱德、周恩来、李富春、聂荣臻等多数人发言中提出的意见，后来形成《中共中央关于反对敌人五次"围剿"的总结的决议》（简称《遵义会议决议》）。决议明确指出，红军第五次反"围剿"的失败以及退出苏区后遭到的严重损失，其主要原因是博古和李德在军事指挥上犯了一系列严重错误。决议肯定了毛泽东等关于红军作战的基本原则。遵义会议改组了中央领导机构，选举毛泽东为政治局常委，取消博古、李德的最高军事指挥权，决定仍由中革军委主要负责人朱德、周恩来指挥军事，而周恩来为党内委托的对于指挥军事下最后决心的负责者。会后，在行军途中，根据会议精神，常委进行分工，由张闻天代替博古负中央总的责任。

遵义会议陈列馆

遵义会议，把战争问题放在第一位，集中全力解决当时最紧迫的、关系到中国共产党和红军生死存亡的军事问题和组织问题，对认识尚不一致的政治问题留待以后解决。这样做适合当时多数同志的认识水平，既保证了最重要问题的解决，又维护了党内的团结。应当说，这是毛泽东高超的斗争策略。

伍修权回忆说：

在会议上，曾经有人提出批判和纠正六届四中全会以来的政治错误，毛泽东同志机智地制止了这种做法。正是这样，才团结了更多的同志，全力以赴地解决了当时最为紧迫的军事问题。会后，曾有同志问毛泽东同志，你早就看到王明那一套是错误的，也早在反对他，为什么当时不竖起旗帜同他们干，反而让王明的“左”倾错误统治了四年之久呢?毛泽东同志说，那时王明的危害尚未充分暴露，又打着共产国际的旗号，使人一时不易识破他们。在这种情况下，过早地发动斗争，就会造成党和军队的分裂，反而不利于对敌斗争。只有等到瓜熟蒂落，水到渠成时，才能提出和解决这个问题。

张闻天在1943年12月16日的笔记中说：

遵义会议没有提出过去中央政治上的路线错误，而且肯定了它的正确，使我当时对于我自己过去的一套错误，还很少反省。这在毛泽东同志当时只能如此做，不然我们的联合会成为不可能，因而遵义会议不能取得胜利。为了党与革命的利益，而这个利益是高于一切的，毛泽东同志当时做了原则上的让步，承认一个不正确的路线为正确，这在当时是完全必要，完全正确的。这个例子，可以作为党内斗争一个示范来看。

中共十一届六中全会通过的《关于建国以来党的若干历史问题的决议》，高度评价说：1935年1月党中央政治局在长征途中举行的遵义会议，确立了毛泽东同志在红军和党中央的领导地位，使红军和党中央得以在极其危急的情况下保存下来，并且在这以后能够战胜张国焘的分裂主义，胜利地完成长征，打开中国革命的新局面。这在党的历史上是一个生死攸关的转折点。

二、遵义会议精神的传达

1935年2月5日，在川滇黔交界的一个叫鸡鸣三省的村子，中央政治局常委分工，根据毛泽东的提议，决定由张闻天代替博古负中央总的责任（习惯上也称之为总书记）；决定毛泽东为周恩来在军事指挥上的帮助者，博古任总政治部代理主任，仍留任中央政治局常委。当时，中央政治局候补委员凯丰在会后叫博古不要交“权”，博古没有听，他服从政治局多数人的决定，把几副装有中央重要文件记录、印章的挑子交给张闻天。从此，就开始了张闻天在党内“负总责”的时期。

云贵川三省交界处三岔河大峡谷

周恩来后来回忆：洛甫那个时候提出要变换领导，他说博古不行，我记得很清楚，毛主席把我找去说，洛甫现在要变换领导。我们当时说，当然是毛主席，听毛主席的话。毛主席说，不对，应该让洛甫做一个时期……说服了大家，当时就让洛甫做了。

關於反對敵人五次"圍剿"的總結的決議

——一九三五年一月八日政治局会议通过——

聽了口口同志關於五次"圍剿"總結的報告及口口同志的副報告之後，政治局扩大会認為口口同志的報告基本上是不正確的。

一、党中央"關於敵人五次"圍剿"的決議中曾經清楚的指出五次"圍剿"是帝國主義與國民党的反動對于苏维埃革命運動的更加殘酷的進攻，但同時指出了在這一劇烈的階級決戰中帝國主義國民党內部的弱点與革命形勢的新的緊張化，這造成了國內階級力量的對比有新的有利於我們的變動，得出了"在五次"圍剿"中間我們有着比以前更充分的取得決戰勝利的一切條件"的正確結論（一九三三年七月廿四日中央決議）。而口口同志在他的報告中过分估计了客观的困难，把五次"圍剿"不能在中央苏区粉碎的原因歸罪於帝國主義國民党反動力量的強大，同時對於目前的革命形

中共中央政治局《关于反对敌人五次"围剿"的总结的决议》油印本

1935年2月8日，中共中央政治局在大河滩召开会议，通过了张闻天根据遵义会议精神起草的《中共中央关于反对敌人五次“围剿”的总结的决议》，即通常所说的《遵义会议决议》。决议全面总结了第五次反“围剿”以来红军失败的教训，系统地阐述了中国革命战争的特点和相应的战略战术，对于纠正以王明为代表的“左”倾冒险主义军事错误，巩固毛泽东在党中央和红军中的领导地位，统一全党全军的思想，壮大红军力量，振奋革命精神，战胜国民党军，克服困难，夺取长征的伟大胜利，起了重大指导作用。

扎西大河滩中共中央政治局会议旧址

为了尽快向各级干部传达遵义会议精神，张闻天起草了2000多字的《中央政治局扩大会议总结粉碎五次“围剿”战争中经验教训决议大纲》，简明扼要地介绍了《遵义会议决议》的大意和要点，于1935年2月8日以中共中央书记处的名义发布。然后，中共中央政治局常委张闻天、毛泽东、陈云等，分别到军委纵队和各军团干部会议上传达决议。

1935年2月10日，军委纵队进至扎西镇。上午9时，军委纵队在操场上召开营长、科长以上干部会议，由张闻天作《五次反“围剿”的总结和目前任务》的报告。这是第一次传达遵义会议精神，干部们在细雨中聚精会神地听着。报告之后是自由发言。

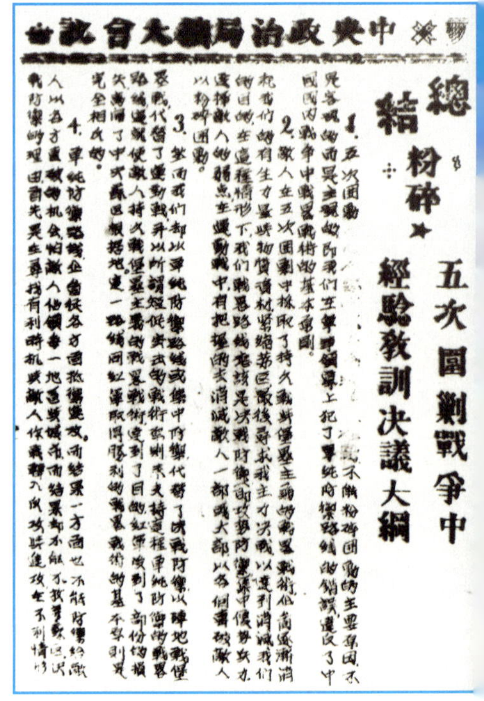

中央政治局扩大会议

總結粉碎五次圍剿戰爭中經驗教訓決議大綱

↑ 《红星》报刊载的《中央政治局扩大会议总结粉碎五次“围剿”战争中经验教训决议大纲》

↓ 中共中央书记处下发的宣传大纲

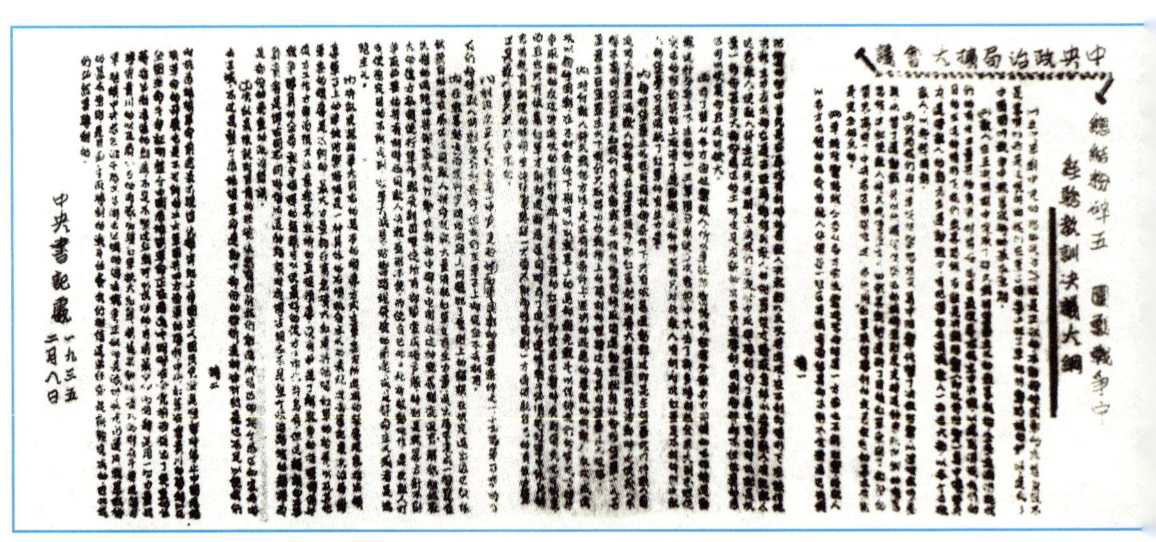

中央政治局擴大會議

總結粉碎五次圍剿戰爭中經驗教訓決議大綱

中央書記處 一九三五 二月八日

扎西会议会址

对于当时的情景，李维汉后来回忆说：听完传达后，我才知道遵义会议揭发和批评了第五次反“围剿”和长征以来中央在军事领导上的单纯防御路线的错误，批评了博古为第五次反“围剿”失败进行辩解的错误，肯定了毛泽东的积极防御的军事路线，通过了关于反对敌人五次“围剿”的总结决议。毛泽东被选为政治局常委……

之后不久，陈云在传达会议精神时撰写了遵义会议传达提纲，介绍了会议召开的背景、讨论的内容、得出的结论和作出的决定。这是一份珍贵的历史文献。

中央红军二进遵义时，在遵义老城天主教堂召开团以上干部会议，毛泽东等领导同志传达遵义会议决议，总结遵义战役，并号召广大指战员扩大战果。

陈云关于遵义会议情况的手稿

遵义天主堂

这个天主堂很高，很长，坐落在一个很大的院子里。正门有三层飞檐，正中的飞檐下有一个圆圆的格子窗。那天不仅天主堂里边坐满了人，连院子里坐的人几乎都满了，大家都兴高采烈。这景象，这气氛也是长征以来没有碰到过的。

有些认识我们的干部，激动地把我们拢在一起，用力拍打着我们，含着热泪说："小鬼们呀，你们懂吗？我们党、我们红军得救了，毛主席又来领导我们了！我们盼了多少日子，现在终于盼来了！"

大家以最热烈的掌声欢迎毛主席讲话。主席那天也很兴奋，他先讲了长征以来的国内外形势（我记得最清的是说日本鬼子已经占领了几乎整个华北），讲了我们要上前线打日本救中国。给我印象最深的是主席讲：我们再也不能像开始长征那样，"叫花子打狗——边打边走了！"

——时任毛泽东警卫员陈昌奉回忆毛泽东在遵义老天主堂传达遵义会议决议时的情景

三、“新三人团”组成

1935年3月4日，中革军委在第二次进驻遵义后设置前敌司令部，以朱德为司令员，毛泽东为政治委员。其后，鉴于作战情况瞬间万变，指挥需要集中，毛泽东提议成立“三人团”全权指挥军事。3月中旬，在贵州鸭溪、苟坝一带，成立由毛泽东、周恩来、王稼祥组成的新的“三人团”（相对1934年中央红军长征前由博古、李德和周恩来组成的“三人团”而言），以周恩来为团长，负责指挥全军的军事行动，这是中共中央委托的全权指挥军事的最高权力机构，是全权指挥军事的极具权威的统帅部。这也表明了毛泽东在新的中共中央领导核心中的地位进一步得到巩固。

苟坝会议会址

苟坝现存红军标语

对于这件事，周恩来后来回忆说：从遵义一出发，遇到敌人一个师守在打鼓新厂[场]那个地方，大家开会都说要打，硬要去攻那个堡垒。只毛主席一个人说不能打，打又是啃硬的，损失了更不应该，我们应该在运动战中去消灭敌人嘛。但别人一致通过要打，毛主席那样高的威信还是不听，他也只好服从。但毛主席回去一想，还是不放心，觉得这样不对，半夜里提马灯又到我那里来，叫我把命令暂时晚一些发，还是想一想。我接受了毛主席的意见，一早再开会议，把大家说服了。这样，毛主席才说，既然如此，不能像过去那么多人集体指挥，还是成立一个几人的小组，由毛主席、稼祥和我，三人小组指挥作战。

第五章

四渡赤水，巧渡金沙

遵义会议后，中央红军重整旗鼓，振奋精神，在以毛泽东为代表的中共中央和中革军委的正确指挥下，充分利用敌人的矛盾，发扬红军运动战的优长，实行机动灵活的战略战术，根据情况的变化，适时变换作战方向，声东击西，避实击虚，纵横驰骋于川、黔、滇广大地区，迂回穿插于敌人重兵间，四渡赤水，二占遵义，南渡乌江，兵临贵阳，威逼昆明，巧渡金沙江，跳出了数十万敌军围追堵截的圈子，粉碎了敌人围歼中央红军于川、黔、滇边境的计划，实现了渡江北上的战略方针，取得了战略转移中具有决定意义的重大胜利。

一、一渡赤水

中央红军攻占遵义后，引起了蒋介石的恐慌，他为了阻止中央红军北出四川与红四方面军会合，或东进湖南同红二、红六军团会合，调集148个团共约40万人的兵力对红军进行围追堵截，企图围歼中央红军于乌江西北、川黔边境地区。1935年1月20日，中革军委下达《关于渡江的作战计划》，规定中央红军各部进至赤水、土城附近地域，夺取宜宾、泸州、江安一带的渡河点，以便迅速北渡长江，到四川西北部创建新苏区。如渡江不成，应暂留川南活动，并相机从叙州上游北渡金沙江。

为了迷惑敌人，中央红军一面放出“红军将攻綦江、重庆”的“谣言”，一

军委关于渡江的作战计划

（1935年1月20日）

甲：情况估量：目前敌人正以向、徐两敌围攻我二、六军团、以川陕之敌围攻我四方面军，而另以湘敌主力要粤桂黔川滇之敌，配合薛岳兵团向我野战军实行进逼包围，企图束缚我野战军在乌江西北地区，以便各个击破。我二、六军团及四方面军与我野战军并成为蒋介石新的围攻的予先步骤。在贵州方面，黔敌主力约六个团于昨日十九日占领遵义，并向我三军团实行追击，判断薛岳兵团吴周各一部协同黔主力分向仁怀、茅台两方实行追击和堵截我军，侯敌部队以在仁怀、茅台、土城、官店、赤水地域企图阻我西进。滇敌则将进驻毕节。四川方面，刘湘判断我军将入川，并渡江深入川中，因此，刘敌第一步正调集约三个师八个旅在彭水、重庆、綦江、合江、泸州、叙永之线，企图阻我入川南渡，并加紧对四方面军的进攻，阻其与我配合。我们判，断其二步将要调集主力阻我渡江或在川中地域乘我立足未稳与我决战。而此次要部队扼守堡垒，牵制我四方面军。而蒋介石的嫡系部队将逐渐沿长江进入四川，实行其新的围攻部署。

2.作战方针：我野战军目前的基本方针，在由黔北地域经过川南，渡江后转入新的地域协同四方面军由四川西北方面实行总的反攻，而以、二六军团在川、黔、湘、鄂之间活动，来牵制四川东南会剿之敌，配合此反攻以粉碎敌人新的围攻，并争取四川赤化。

丙：初步任务：为实行上述基本方针，我野战军目前初步任务

中革军委关于渡江的作战计划

面遵照中革军委的命令，分三路纵队向赤水方向疾进。右路纵队红一军团突破黔军侯之担部的阻击，进入赤水境内，1月24日占领土城。前锋占领赤水城东南的旺隆场、复兴场。中央纵队红五、红九军团攻占三元场、习水，25日，红五军团一部在梅溪击退川军两个团；左纵队红三军团进占土城东南的回龙场、临江场、周家场等地。

为了夺取北上渡江的渡河点，必须攻占已被川军占领的赤水县城。

↑ 位于黔北边缘与川渝接壤的贵州赤水土城镇

→ 梅溪

1月26日，红一军团从旺隆场等地向赤水城进发，在赤水县黄陂洞与川军遭遇，在敌众我寡的情况下，红军将士顽强战斗，最后突破敌人的封锁线，退守旺隆场。

同日，红一军团第二师也在距赤水城十公里的复兴场与川军激战。敌增援部队赶来后，与红军展开肉搏战，红二师只得撤出复兴场。红军占领赤水计划受挫。当晚，林彪向中革军委报告了前进失利的消息。

→ 黄陂洞战斗遗址

↓ 复兴场今貌

为击破国民党川军的追堵，1月27日，中革军委决定集中主力在土城、青杠坡地区围歼尾追红军的四个团，以保障红军下一步顺利北渡长江。1月28日早晨，土城战斗打响。红三、红五军团及干部团，在彭德怀、杨尚昆的指挥下，从南向北向进占枫村坝、青杠坡的川军郭勋祺旅、潘佐旅各三个团发起进攻。虽然击溃川军一部，但其主力仍在顽抗。为加速战斗进程，红一军团一部也投入战斗，双方展开了激烈的肉搏战。战至黄昏，形成对峙局面。此时，敌后续部队廖泽等部上来增援；范子英亲率八个营，由古蔺向土城方面迂回堵截；赤水的陈万仞两个旅及徐国暄支队也从西北向红军侧后攻击，形势对红军越来越不利。

青杠坡战斗遗址

对于这场战斗，聂荣臻后来回忆说：一开始打得还不错。三军团、五军团和干部团先投入战斗。敌“模范师”被我击溃一部。干部团攻击很猛，硬是攻到了郭勋祺师部附近。敌人已经感到弹药匮乏了，突然三个旅增援上来了，由于得到了子弹、手榴弹的补充，才把我干部团压了下去，反而转守为攻。一军团二师被指定为预备队，是后来参加这一战斗的。到我们一军团上去时，敌人已占领了有利地形。我二师的部队曾经陷在一个葫芦谷形的隘口中，来回冲杀，部队无法展开，伤亡较大，五团政委赵云龙牺牲，部队处境十分危险。我们与郭勋祺师激战了一整天，虽然给了他以重大杀伤，但未能消灭敌人，自己却受损失不小。

青杠坡红军烈士纪念碑

朱德上前线

为了扭转战斗的不利局势，中革军委主席朱德决定亲自到前线，直接指挥作战。这样做，自然十分危险，毛泽东连吸了几支烟，没有答应。朱德把帽子一脱，说：“得啰，老伙计，不要光考虑我个人的安全。只要红军胜利，区区一个朱德又何惜！敌人的枪是打不中朱德的！”毛泽东终于点头了。朱德和刘伯承到达前沿阵地指挥战斗，给苦战中的红军指战员以极大鼓舞，终于顶住了川军的一次次冲锋。

进占赤水镇、北渡长江的计划未能实现，打掉尾追之敌的战斗亦未成功，而且敌人兵力正不断增加，面对这种情况，1月28日当晚，中央政治局和中革军委的负责人召开紧急会议，根据毛泽东的意见，果断地改变了由赤水北上渡江的计划，决定立即撤出战斗，西渡赤水河，再相机北渡长江。由此拉开了四渡赤水的战幕。四渡赤水之战，是中央红军长征中惊心动魄的军事行动，也是毛泽东军事生涯中的“得意之笔”，至今令人赞叹不已。

中央红军按照中革军委的命令，除以少数部队阻击国民党军外，主力把大炮等沉重军械沉入赤水河中，1月29日4时分三路纵队西渡赤水河。

↑ 红一、红九军团和军委纵队第二、第三梯队、干部团上干队一渡赤水的猿猴场渡口

→ 军委纵队第一梯队、干部团及第五师一渡赤水的土城渡口

红五军团、红三军团直属队及第四师一渡赤水的浑溪口

二、二渡赤水，再占遵义城

中央红军突然出现在川南，蒋介石震惊之下，调集各路军队逼近川南。中央红军原定在泸州、宜宾间北渡长江的计划难以实现。2月7日，中共中央决定暂缓执行北渡长江计划。按照中共中央的决定，中革军委命令各军团迅速脱离川敌，向扎西地区集中。9日，中央军委各部先后到达扎西地区，转入短期休整。

2月10日，中革军委按照中共中央的决定，颁布《关于各军团缩编的命令》。据此，中央红军各军团先后进行了精简和整编。全军除干部团外，共编为16个团，红一军团缩编为两个师六个团，红三军团缩编为四个团，红五、红九军团各缩编为三个团。部队缩编后，连队得到进一步充实，部队的战斗力和机动性大为增强。在此期间，中央红军在扎西还大力开展群众工作，扩大红军3000余人。

中革军委发布的关于各军团缩编的命令

军委关于各军团缩编的命令

（1935年2月10日2时于扎西）

（甲）为适应目前战斗的需要，并充实各连队的战斗力，以便有力的消灭敌人有生力量，便于连续作战，军委特决定实行缩编各军团的战斗单位，并规定具体办法如下：

1、一、三军团均取消现成师部的组织，各以新颁布的团的编制表编定四个团。

2、五军团将现有的三个团依新颁布的编制编为两个团。

3、九军团将现有人数（军团部在内）以五分之三的人数依新编制编为一个团，并入五军团为其第三团，其余五分之二的人数（编入三军团）。

4、一、三军团部应依颁布的新编制改编，其多数人员应尽量补充到战斗连中去，其一部经过宣传与选拔可成立游击队在地方活动。

5、五军团部应依照师部的编制改编多余的人员，处理与上项同。

（乙）为实行上次编制各军团，应在干部与战士中进行必要的解释以充分准备工作。

（丙）各军团的新兵，一般的应利用此次缩编补入到各个战斗连中去，惟大烟瘾尚未戒脱的新战士，则应留新兵连训练。

（丁）各军团应利用休息的间隙期中进行缩编，其日期由军委个别命令规定之。

右　令

主　席　朱　德
副主席　周恩来
　　　　王稼祥

埋掉X光机

中央红军留在扎西的X光机

中央红军在扎西时，为了部队轻装上阵，整编后凡两个人抬不动的东西都要甩掉。早已成为部队沉重负担的各种笨重机器和器材，例如X光机、造币机、造弹机、印刷机、磅秤、铸银模子等，一律要处理掉。其中，X光机是卫生部在根据地费了不少力、花了不少钱，好不容易从白区买回来的。那是卫生部的宝贝。但行军时需要很多人运输，总部就命令他们埋掉，卫生部的同志想不通。毛泽东知道后，就告诉他们说：革命胜利了，全中国都是我们的，何止是一部机器。今天扔掉一部，是为了今后获得更多的。

蒋介石发现中央红军在扎西集结后，紧急调动各路军队，企图围歼中央红军于扎西地区。根据上述敌情，毛泽东等认为自中央红军从遵义地区北上以后，敌军主力已大部被吸引到川滇边地区，黔北地区的防守兵力比较薄弱，遂于2月10日决定，中央红军迅速转兵东进，二渡赤水河，再次向黔北进军，以摆脱川军、滇军的夹击和国民党中央军的追击。2月11日，中央红军各纵队由扎西地区开始东进。

这时，中央红军许多指战员对放弃北渡长江、改向黔北进军不理解，思想上产生许多疑虑。为此，中共中央、中革军委于2月16日发布了《告全体红色指战员书》，详细解释了暂时放弃原定北渡长江、向川西北发展的原因。其中指出：由于敌人集中全力利用长江天险布防，拦阻我军北进，更由于党和中革军委不愿因为地区问题牺牲红军的力量，所以决定放弃北渡长江的计划，改在云贵川三省地区中去消灭敌人。

2月18日至21日，中央红军遵照中革军委的命令，由太平渡、二郎滩等渡口东渡赤水河。

↑ 1935年2月16日，《红星》报报道中共中央和中革军委联合发布的《告全体红色指战员书》

← 二渡赤水河渡口之一——太平渡

二渡赤水河渡口之一——二郎滩渡口

中央红军二渡赤水，回师黔北，红一、红九军团和红五军团主力及军委纵队为左纵队，红三军团为右纵队，向国民党军兵力比较薄弱的桐梓地区急进。2月24日，红一军团第一师第一团占领了桐梓县城。接着，中革军委命令中央红军迅速击破黔军的阻拦，占领娄山关及其以南地区，再取遵义，以争取主动。

桐梓县城

2月25日拂晓，红三军团按照中革军委的命令，先头部队第十三团，从北向南对娄山关之黔敌发动猛攻，经过激战，于当晚攻占娄山关，控制了制高点——点金山。接着，红一、红三军团在彭德怀、杨尚昆统一指挥下，以一部兵力从正面牵制敌人，集中主力分别从两翼向敌人后方迂回，歼敌一部，余敌仓皇夺路南逃。中央红军胜利占领战略要地娄山关。

毛泽东知道后，兴奋不已，即兴填词《忆秦娥·娄山关》：西风烈，长空雁叫霜晨月。霜晨月，马蹄声碎，喇叭声咽。

雄关漫道真如铁，而今迈步从头越。从头越，苍山如海，残阳如血。

← 战斗最激烈的战场之一——娄山关

↓ 而今迈步从头越（作者：沈尧伊）

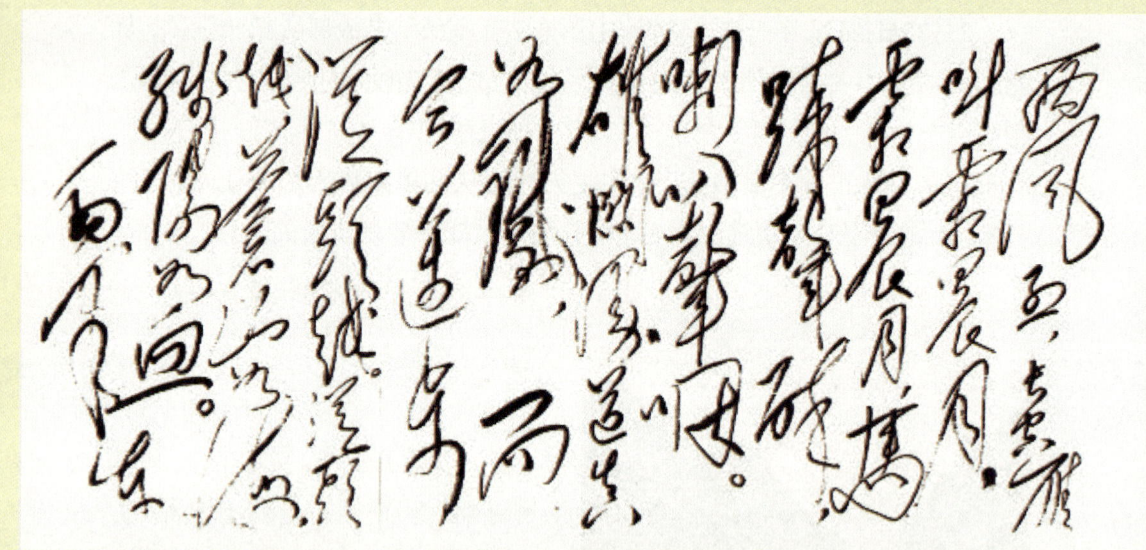

毛泽东词《忆秦娥·娄山关》手迹

遵义战役老鸦山战斗遗址

遵照中革军委的指示，中央红军在占领娄山关后，红一、红三军团即乘胜向遵义方向追击。2月27日黄昏，红一、红三军团分别发起攻城战斗，经过一个多小时的激战，突入遵义新城。2月28日晨，红三军团经过三四个小时的激战，歼敌两个师又八个团，重占遵义城，并控制了城南的红花岗、老鸦山一线高地。

在战斗中，红三军团参谋长邓萍不幸于2月27日牺牲。这是红军长征以来牺牲的第一位军团级领导干部。

邓萍

邓萍，1908年生，四川富顺人。1927年加入中国共产党，1928年7月参加领导平江起义，1930年后历任红三军团参谋长兼随营学校校长，红五军军长，红一方面军西路军参谋长，东方军参谋长，红军中央军事政治学校副政委兼教育长等职。他工作热情，英勇善战，是优秀的共产党员，彭德怀的得力助手。在遵义战斗中，邓萍带领营团干部在河岸的小土堆里观察地形，选择攻城突破口。突然，敌人向这里开枪，他不幸中弹牺牲，年仅27岁。邓萍的牺牲是红军特别是红三军团的一大损失。彭德怀获悉邓萍牺牲的噩耗后，当即下令："拿下遵义城，为参谋长邓萍报仇。"广大指战员化悲痛为力量，奋勇杀敌。据守在遵义老城的黔军大部被歼。

2月28日，中革军委决定抓住敌军吴奇伟部孤军冒进，黔军观望不前，以及尾追之川军又被阻于桐梓以北的有利时机，集中主力歼灭吴奇伟部于忠庄铺地区。

遵义大捷（作者：沈尧伊）

遵义大捷

黄昏之前，我军全线展开了反击。仅激战一个多小时，敌人就全面崩溃，主力被我军歼于老鸦山下，残部分路向乌江溃退。我一军团向烂板凳方向，三军团向鸭溪方向，乘胜在夜间展开了猛追。我们紧跟着溃敌的脚后跟，一直追到鸭溪镇。吴奇伟的两个师大部被歼灭了。吴奇伟本人如同一只丧家狗，带着两个团的残兵败将，经烂板凳向乌江方向逃去。当我一军团追到乌江时，他不等败兵过得江去，便下令砍断了乌江上的浮桥保险索，把1000多人甩在江北岸当了我军的俘虏。

——时任红三军团十一团政委张爱萍后来回忆战况

遵义大捷：红军战士在遵义向被俘国民党官兵宣传红军的俘虏政策（作者：黄镇）

红军二渡赤水后回师黔北，重占遵义，发动了遵义战役。5日之内，连攻桐梓、娄山关、遵义，歼敌两个师又八个团，俘敌近3000人，是长征以来最大的一次胜利。

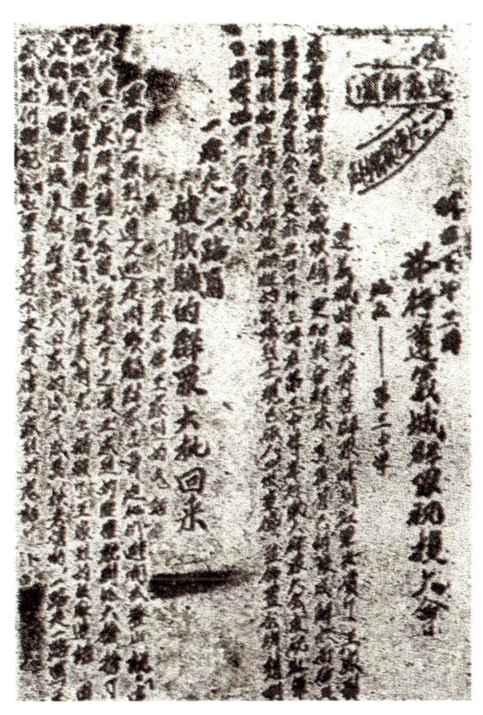

《红星》报报道遵义城群众祝捷大会

薛岳对毛泽东用兵，一向有所畏忌。

国民党将领李以劻回忆说：2月间，薛岳从周浑元部俘获的红三军团第五师第十四团政委田丰所写的材料中了解遵义会议的情况，薛岳得悉后亲招田丰到贵阳面谈，并予奖赏；一面上报蒋介石，一面通令各部知道。田丰所谈长征以来许多问题，特别是红军各军团的战斗力，将领作风，派系与共产党中央当时的决策情况等，后来成为薛岳研究对策的重要资料。据薛岳后来说，1935年3月上旬，蒋介石抵重庆时曾有亲笔函给他，说“毛既已当权，今后对共军作战，务加谨慎从事，处处立于不败之地；勤修碉堡、稳扎稳打，以对付飘忽无定的流寇，至为重要”。

三、三渡佯动

遵义战役的胜利，迫使蒋介石重新调整战略部署。他判断中央红军“必向东图”，与红二、红六军团会合。3月2日，他飞抵重庆，3日颁布手令，向各军宣布：“本委员长已进驻重庆。凡我驻川、黔各军，概由本委员长统一指挥；如无本委员长命令，不得擅自进退，务期共同一致完我使命。”他亲自指挥对中央红军的围攻，调集各路军队，企图将中央红军歼灭于遵义、鸭溪这一狭小地带。

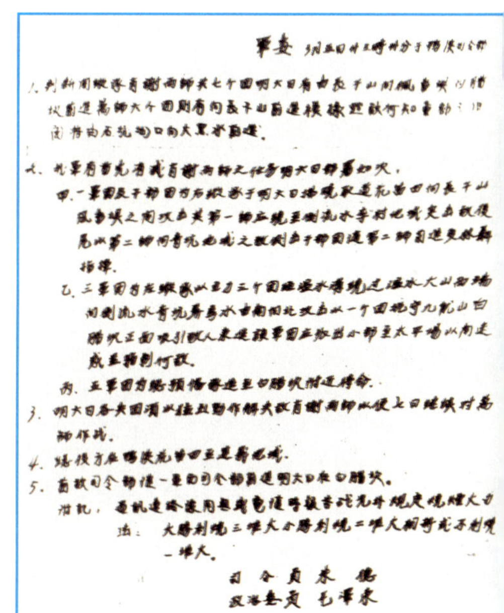

朱德、毛泽东签发的鸭溪作战命令

3月6日，中央红军主力按照中革军委的决定，在朱德、毛泽东的直接指挥下，向长干山、白腊坎以西开进，准备突击敌军周浑元纵队。但是，由于周浑元部畏歼不进未果。接着，中央红军在西安寨、泮水地区活动，准备歼击王家烈残部，以调动周纵队驰援，寻机歼其一部，但均未达到目的。

至此，红军在遵义西南地区活动将近一周，使蒋介石对此又产生错觉，“徘徊此地，乃系大方针未定之表现”，令各路人马不顾一切寻找红军决战。根据上述敌情变化，3月13日，中革军委决定：中央红军向遵义西南地区转移。

3月中，我们撤出遵义，向西行进，来到一个叫花苗田的地区，这里全是山路，极不好走，翻过一座山，又走进一个谷，路很窄，天又下着毛毛细雨，队伍拉得很长，主力部队早已走到前面去了，后卫部队远在后面。这时突然有股敌人从中间插来，向我们袭击。我们这个连队是没有什么战斗力的，情况十分危急。我们立即将警卫人员集中起来，要董老带着队伍赶紧往前走，连长和我带着警卫员在后面阻击敌人。连长要我撤走，我叫他撤走。忽然听见有人喊我；“李见珍（李坚真原名）！把枪给我！”我回头一看，见钟赤兵一个人坐在担架上，还没有走。急得我不知他出了什么事，就问他：“你怎么了?怎么还没走?”“我要和敌人拼了!”“你的担架员呢?”原来担架员听见枪声紧，把他扔下躲起来了，他怕拖累别的同志，准备和敌人拼了。但我们怎能让这位娄山关战斗的英雄再受到损伤呢？我叫来一位饲养员，两人抬起他赶快跑，追上了部队。连长和警卫员们在后面和敌人打了一阵子，幸好担任后卫的五军团很快赶到，把敌人打退，我们连才脱离险境，部队也没有受到损失。

——时任干部休养连指导员李坚真的相关回忆

3月15日，中央红军一部兵力监视枫香坝东南地区的吴伟奇纵队，集中主力向鲁班场、三元洞地带的周浑元纵队发动进攻。由于周纵队三个师猬集一起，红军攻击一天，未能奏效。

图为鲁班场。中央红军三渡赤水前与敌周浑元部在此激战。

对于鲁班场战斗，时任红一方面军第一军团第一师第三团党总支书记萧锋说：驻防鲁班场的敌人连续三次反冲锋，三营同敌人夜间拼刺刀，将敌击退。9时半，继续向鲁班场街东边半山坡进攻，攻克三个地堡群，协同一营将汪家堡分割包围。战斗一直打到十一时，全线无大进展。据俘虏讲，守敌是五个旅，难怪敌人越打越多。师首长决定一、三团后撤，敌人乘机向我发起反冲锋。红三团已撤到蔡家寨，我已返回师部，各团长、政委都在车家湾。红二团集合汇报战况，有的碰了钉子。李聚奎师长、黄甦政委向大家解释，不能打了。这一仗是临时才报告中央三人指挥小组，毛主席、周恩来、王稼祥首长回电，不同意在现在条件下，打鲁班场敌人的地堡群。硬打要付出很大的代价，仗打完了伤员往哪里安置？

此时，蒋介石继续采用碉堡推进、步步为营之策，企图彻底消灭红军。毛泽东即采取将计就计的策略，佯装在遵义地区徘徊寻战，以引诱更多的国民党军前来围攻。当各路国民党军集中在川黔滇边区时，毛泽东决定再次实行声东击西、调虎离山之计，放弃对鲁班场国民党军队的进攻，命令中央红军由茅台地区西渡赤水河，以调动国民党军，寻求新的战机。

16日，中革军委下达了三渡赤水的命令。3月16日至17日，中央红军由茅台及其附近地区西渡赤水河，向古蔺、叙永方向前进。

↑ 三渡赤水河的渡口之一——茅台（也称仁怀）
→ 今日茅台渡口

红军与茅台酒

20世纪30年代的贵州茅台酒作坊

茅台镇是茅台酒的故乡。红军政治部禁止部队进入私人的酒厂和作坊。地主豪绅家中的茅台酒可以没收。红军指战员从土豪家里没收来的财物、粮食和茅台酒，立即分给了群众；部队也留了一些。这时候，会喝酒的同志就畅饮一番，不会喝酒的同志，在急行军后，拿点茅台酒擦擦脚，也很舒服，第二天走起路来，两条腿就轻快得多。有的红军指战员打趣说：要不是长征来到这里，这辈子哪能喝上茅台酒呢！如果单凭这点，还得好好“谢谢”蒋介石呢！

——时任中央纵队干部团上干队队长萧劲光、红一军团第二师第四团政治委员杨成武等的相关回忆

四、四渡奔袭，南渡乌江

中央红军再次出现在川南，蒋介石判断红军又要北渡长江，急忙调整部署，企图将红军聚歼于长江南岸的古蔺地区。蒋介石声称“剿匪成功，在此一举”，若再不歼灭红军，“何颜再立于斯世”。当各路敌军向川南疾进而尚未形成包围之际，毛泽东鉴于调动国民党军的目的已经达到，当机

立断，决定回师东渡，夺取战略主动权。遵照中共中央、中革军委和红军总政治部的命令，中央红军以红一军团一个团伪装主力，由铁厂、两河口地区大张旗鼓地向古蔺前进，引诱国民党军西进，掩护红军主力东渡赤水河；主力由镇龙山以东地区突然折向东北，于3月21日晚至22日，分别经二郎滩、九溪口、太平渡东渡赤水河。

↗ 四渡赤水河渡口之一——九溪口

→ 四渡赤水河渡口之一——二郎滩

你中有我，我中有你

中央红军三渡赤水，出乎敌人意料。敌军大规模紧急调往长江西岸，阻止红军渡江。中央红军趁此时机，命令部队秘密掉头折转向西，出敌不意在二郎滩、九溪口地段四渡赤水河。此时的赤水河地区，敌军西进，红军东进，各走各的，彼此情况都互相摸不清。有天晚上，红三军团下令突破敌军一条封锁线，规定团长、政委、参谋长等分开走，每人带一部分连队。有的部队穿着国民党军队的衣服，在国民党军队中来回穿插，有的掉队伤员还到国民党军队里上药。十一团中有个司号员弄了顶国民党军帽子戴上，混过敌人耳目，到敌人炊事单位打饭。敌人的散兵也有不少走到红军的队伍里来。就在这样的混乱中国民党军队几十万人被调到赤水河西，中央红军却乘虚向东南疾进。

——时任红三军团第十一团政治部主任王平的相关回忆

3月26日中央红军进至遵义、仁怀大道北侧干溪、马鬃岭地区。次日，为了隐蔽向南发展的意图，以红九军团暂留马鬃岭地区，伪装主力，向长干山、枫香坝佯攻，以吸引敌人北向，主力则乘虚继续向南疾进。28日，红军主力由鸭溪、白腊坎之间突破敌人封锁线，进入乌江北岸的沙土、安底地区。31日，在江口、大塘、梯子岩等处分路南渡乌江，进至息烽西北地区。至此，中央红军在毛泽东等正确指挥下，巧妙地跳出了蒋介石苦心设计的在乌江以北、川黔边境地区消灭红军的包围圈，将几十万国民党军甩在了乌江以北地区。

→ 红军南渡乌江的渡口之一——江口渡口

↓ 红军南渡乌江的渡口之一——梯子岩渡口

在此期间，红九军团采取机动灵活的战略战术和各种有效措施，吸引和牵制了国民党中央军、川军、黔军共约六个师的兵力，有力保证了掩护主力红军的任务。之后，红九军团即按照中革军委的指示，转移到沙土附近地区，准备南渡乌江。这时，敌人已控制了渡口，红九军团被阻于乌江北岸后，即按照中革军委的命令，开始独立活动，留在乌江北岸牵制国民党“追剿军”以掩护红军主力部队的转移。

时任干部团政治委员的宋任穷回忆说：

渡乌江时，我们干部团走在后面，三营担任守乌江浮桥的任务，并按照指示，等待殿后主力五军团过江后即拆桥。当我们知道五军团已从另一渡口过江后，得到中央军委（应为中革军委。下同——编者注）一位参谋拆浮桥的口头命令，把浮桥拆了。我们行军40里到了宿营地。陈赓同志和我向中央军委总参谋长刘伯承同志汇报了拆桥的事，朱德同志和周恩来同志也在场。他们听后十分焦急，把我们严厉地批评了一顿……我们连饭也顾不得吃，我带着干部团三营和工兵连，连走带跑40里，急行军返回乌江边……重新架设浮桥。经过紧张突击，在天亮以前终于把浮桥又架了起来。我们眼巴巴等到7点，互相对了对表，核准确实是7点了，九军团还没有来，我们便拆了浮桥……后来才知道，由于当时不断行军打仗，敌情变化快，部队无法停下来架线进行电台联络，中央军委一时和九军团联系不上。九军团为了迷惑敌人、掩护主力部队过江，和敌人周旋，未能赶来渡乌江。取得联系后，中央军委电令他们留在江北作为特别游击支队，转战黔西、滇东北一带，以后在云南会泽、巧家一带渡过金沙江与大部队会合。

1935年5月2日担负牵制任务的红九军团部分干部合影，后排左五为军团长罗炳辉，前排左三为军团政委何长工

中央红军离开川黔滇边和黔北地区后，留在这里的红军游击队仍在坚持武装斗争。1935年2月，根据扎西会议精神，中共中央派红五师政委徐策、军委纵队干部团上干队政委余鸿泽等人组成中共川南特委，并抽调几百名红军成立川南游击队，执行开展游击战争、创建革命根据地、配合中央红军和红二、红六军团战略转移的任务。此后，红军在转战过程中，又抽调红军军委纵队第二梯队参谋主任陈宏等干部和战士先后成立红军黔北游击队、赤水河游击队和遵（义）湄（潭）绥（阳）游击队等。不久，川南游击队与叙永地区游击队会合，成立红军川南游击纵队。黔北游击队与赤水河游击队合编为黔北游击队。7月中旬，川南游击纵队与黔北游击队会合，组成红军川滇黔游击纵队。后来，陈宏、徐策、余鸿泽等主要领导人先后牺牲，游击队一直坚持到1937年。

中共川南特委和游击纵队成立大会旧址

五、巧渡金沙江

中央红军南渡乌江，大出蒋介石的意料。毛泽东为“调虎离山”，于1935年4月初佯攻贵阳，分兵黔东，主力进至扎佐、狗场地区，随后又经息烽、扎佐佯攻贵阳，前锋逼近贵阳。当时，在贵阳及其附近地区只有国民党军郭思演部的第九十九师四个团，兵力很少。红军突然兵至贵阳，吓坏了在贵阳督战的蒋介石。他急令云南的龙云要滇军昼夜兼程，火速增援贵阳，同时，令守城部队赶修城防工事和死守飞机场，并准备轿子、马匹和向导，准备随时逃跑。

毛泽东在部署威逼贵阳的作战行动时，曾深刻指出：“只要能将滇军调出来就是胜利。”4月上旬，当各路敌军纷纷向贵阳以东开进时，中央红军由贵阳、龙里之间突破国民党军的防线，越过湘黔公路，以每天120里的速度，分两路经青岩、广顺、鸡场、定番、长寨、紫云等地，向敌人兵力空虚的云南疾进。蒋介石企图围歼红军于黔东的计划又一次落空。

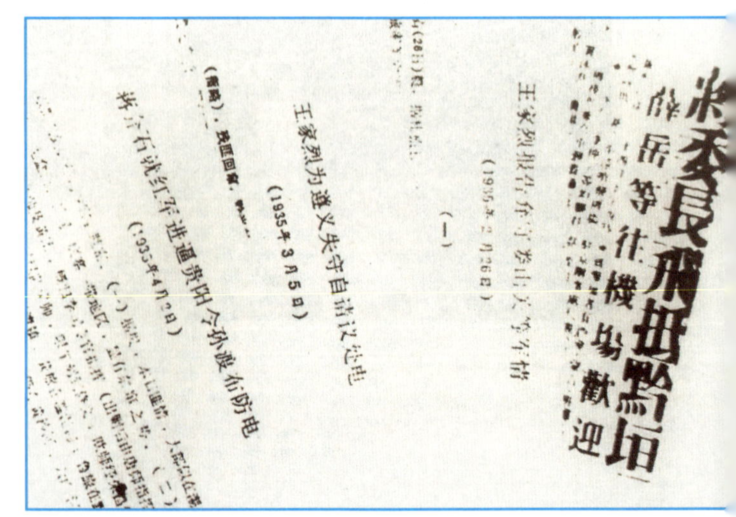
蒋委長飛抵黔垣

王家烈报告弃守娄山关等军情

（1935年2月26日）

王家烈为遵义失守自请议处电

（1935年3月5日）

蒋介石就红军进逼贵阳令孙渡布防电

（1935年4月2日）

蒋介石命令滇军入黔的电文一束

↑ 中央红军长征经过的贵州龙里的谷脚镇

→ 贵州市郊的青岩古镇，这里保存着中央红军“兵临贵阳逼昆明”时的作战指挥所

↓ 贵州紫云县城今貌

蒋介石发现红军西进云南后，又慌忙调整部署，令周浑元、吴奇伟两纵队和第五十三师掉头东进，沿黔滇公路在红军右侧追击；孙渡纵队从后尾追红军。但是，敌军由于往返奔波，已疲惫不堪，减员很大，士气更加低落，行动十分缓慢。趁此机会，中央红军于4月18日在白层、者坪地区渡过北盘江，随后相继占领贞丰、安龙、兴仁、兴义等城镇。

↑ 贵州贞丰白层渡口

→ 贺子珍负伤后抢救地——兴义猪场村余伦启家

贺子珍负伤

4月22日下午，随中央红军行动的休养连遇到敌机的轮番轰炸和扫射。产后虚弱的贺子珍，发现一个担架暴露在梯田中央，一个担架员已被炸死，敌机又一次冲下来投弹，在此危急关头，她立即在硝烟中冲过一条小沟，一下子扑到伤员身上，用自己的躯体掩护着伤员。等震耳欲聋的爆炸声过后，警卫员过去一看，只见贺子珍遍体鳞伤，鲜血从豁口里往外涌，染红了衣裳。贺子珍负伤后被抬到兴义县猪场村一户人家抢救。医生闻讯赶来，给她打了止血针，然后进行检查，发现头部、上身、四肢共17处中弹。因没有麻醉药，只服了几片止痛片，取出了浅表弹片，深入体内的弹片因没有手术条件不敢动手术，没有取出。这些弹片镶嵌在了贺子珍的身上。

接着，中央红军以红三军团为右纵队，向平彝、沾益前进；红一军团为左纵队，向曲靖前进；红五军团和军委纵队为中央纵队，向益肠营方向前进。4月24日，中央红军进入云南。为了进一步调动敌人，中革军委命令红九军团继续单独行动，由水城向滇东北的宣威地区发展，以吸引追敌向北；主力则以神速动作向西挺进。

红军在向马龙进军途中，缴获龙云送给薛岳的十万分之一的云南军用地图20余份，以及宣威火腿、云南白药、普洱茶等土特产。红军截获的云南白药正好用来医治贺子珍正恶化的伤口，不然她的伤情难以想象。尤其当时红军也正好缺云南的军事地图，行军打仗用的只是中小学的地理教学地图和向当地群众做的实地调查，红军缴获的军用云南地图，对后来刘伯承指挥红军渡过金沙江起到重大作用。

红军截获龙云军事地图的地方

陈云在《随军西行见闻录》中曾谈及此事。他说：红军包围曲靖而向马龙前进时，截得由昆明来之薛岳副官所乘汽车一辆，内满载军用地图并云南著名之白药（可医枪伤，极贵重）。据被俘之副官云，他系由薛岳派入滇省谒龙云者。前日薛岳来电，因无云南军用地图，请龙云送去。龙云接电之后，本拟派飞机送去，但次日机械师忽病，故改用汽车送去。但未知曲靖已被红军包围，汽车路亦被截断。龙云并送薛大批白药、云南之宣威火腿及普洱名茶，共满载一车。车离曲靖20里时正遇红军。因此卫兵副官均被缴枪，军用地图未交薛岳反而被红军用以渡过金沙江，白药、火腿、茶叶，均为红军享受。故红军兵士每谈至此，皆为捧腹。咸谓三国时刘备入川系由张松献地图，此番红军入川，则有龙云献地图。

中央红军在进入云南后，一路向西疾进。4月27日，占领马龙，接着攻占了寻甸、嵩明，一部进至杨林，前锋威逼昆明。

红军在云南写的宣传标语

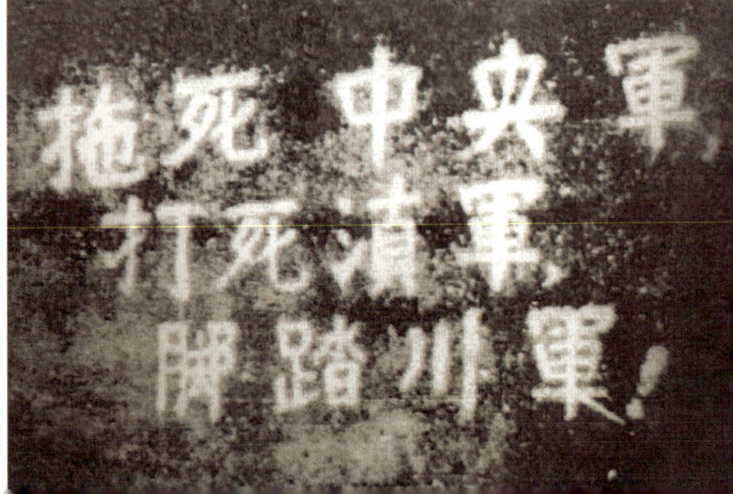

红军逼近昆明，震动云南全境。当时，云南大部滇军已调往贵阳“听用”，昆明城内及其周围兵力非常空虚，而蒋介石派出追击红军的部队此时还远距红军三天以上的路程。龙云为此大惊失色。为保住昆明，他一面电催尚在曲靖以东的孙渡纵队取捷径直赴昆明，一面调集云南各地民团防守昆明城。这样一来，就进一步削弱了滇北各地和金沙江南岸的防御力量，为红军抢渡金沙江、北上川西创造了有利条件。

遵照中革军委的指示和红军总政治部的训令，中央红军兵分三路，由寻甸、嵩明地区向金沙江直进。5月1日，中央红军左纵队先头部队红一军团第二师第四团向禄劝、武定、元谋疾进。为了争取时间，他们将三个连化装成国民党的中央军，由他们作先导，分两路向禄劝、武定进发。禄劝守城县长不辨真假，敲锣打鼓将红军迎入城内，热情款待，并交出了国民党云南省政府交办的全部军粮款。随后，四团其他部队用此法轻取武定、元谋两座县城，直趋金沙江畔。

↑ 中央红军经过的云南禄劝普渡河铁索桥

↓ 云南元谋红一军团走过的路

金沙江是长江的上游，上接通天河，从海拔五六千米的昆仑山南麓、横断山脉东麓奔腾而下，一泻千里，水流湍急，难以徒涉，是阻止中央红军北上的一大险关。国民党军把船只掳往对岸，控制了对岸渡口。而皎平渡位于四川会理县和云南元谋县交界的地方，是金沙江的重要渡口之一。

5月2日，红军总参谋长刘伯承率中央纵队干部团一个营及工兵，以一昼夜行军200余里的速度，于第二天赶到皎平渡口。这是最先到达金沙江边的红军部队。

由于敌军没有估计到红军会来得这么快，所以当中央纵队干部团到达渡口时，渡口南岸还停着两只木船，他们决定以第三营一个连为先遣连，立即渡江。

中央红军巧渡金沙江皎平渡遗址

巧渡金沙江（作者：宗其香）

宋任穷回忆当时的情景说：刘伯承同志立即命令先遣连轻装前进，猛扑江岸，不惜一切代价夺取船只，控制渡口，强行渡江；三营的其余两个连和工兵连就地做饭，随后迅速跟进。我马上派三营政治委员罗贵波和副营长霍海元同志率先遣连直扑江边。约半夜12点，他们抢占渡口成功，立即利用找来的两只船，把一个排送到江北岸。因为我军行动神速、隐蔽，敌人完全没有料到我们来得这么快，因此毫无准备。我先遣连渡过金沙江，赶到对岸厘金局时，里面正在砰砰啪啪打麻将。当地群众领头去叫门，说是来纳税的。他们正玩得热闹，里面有人吆喝道："深更半夜来纳税，不开门，明天来！"群众向来十分痛恨厘金局，上去一脚把门踢开。我们的人进去，缴了保安队的枪，没收了厘金局的全部税款，完全控制了渡口两岸。我军干净利索地抢占了皎平渡渡口，无一伤亡。

在皎平渡，刘伯承过江后看到水流湍急，无法架桥，便在北岸山洞里设立了渡河司令部，制定了《渡河守则》。大部队到达后，便立即开始渡江。毛泽东、周恩来、朱德、陈云等渡江后，都直接参加了渡江的指挥工作。

开始，仅靠原有的两只船，后来在船民张朝寿等人的帮助下，又找到四只大船，并联络了川滇两岸35名船工，大大加快了渡江进度。

中央红军巧渡金沙江渡江指挥部遗址

因为周边没有人家，江边没有什么房屋，只有几个不成样子的石洞，原是守江敌军和盐税局的住所，在这里可以看到对岸部队行动和渡江的情况。毛泽东、周恩来、刘伯承等在此住过并指挥过红军过江。

当时参加划船的老船工张朝满回忆说：这样，我们共有六只船，其中三丈二长的大叶子船二只，二丈八长的二叶子船四只。大叶子船每只每次渡60人，二叶子船每次渡40人。渡江指挥部规定，多一人不行，少一人也不行，纪律非常严。每一只船配备一名红军，协助我们船工工作。我们36名船工由张朝寿负责带领，红军亲热地称呼他是“船长”。每只船有六名船工，三人一班，来回划船十次，又另换一班，歇人不歇船。大致上，我们划船一小时，下来休息一小时，然后又上，如此循环不停。我们虽然不得整夜睡觉，但当时都是二三十岁年青力壮的人，首长从思想到生活又十分关心，尤其是日日夜夜像节日游行示威那样的热烈气氛，深深感染了我们，鼓舞了我们。划了九天九夜，精神仍然很兴奋。

图为帮助红军渡金沙江的三名老船工与老红军重逢时的情景

红军主力渡江的同时，为了防止追敌扰乱、袭击红军渡江，红五军团在董振堂军团长指挥下，在皎平渡以西筑起一道铜墙铁壁，英勇阻击尾追之敌。5月8日，主力部队渡江完毕，9日，担任阻击任务的红五军团顺利渡江后，毁船北去。

董振堂画像（作者：章仁缘）

在起初的5月1日，红五军团的任务是坚守阵地三天三夜。第二天来了新的命令，要坚守五天五夜。第三天，情况又变了，要坚守阵地九天九夜。5月5日，中共中央派红军总政治部主任李富春到红五军团解释说：全军原先准备从三个渡口过金沙江。但是，洪门渡、龙街渡条件所限，大部队不能过江。只能从皎平渡一个渡口过江。而这唯一的渡口，条件恶劣，渡船少。中央不得不一再加重红五军团后卫的掩护任务。此时，红五军团长董振堂对大家说："北面是金沙江，南面是敌人，我们是背水作战。任务完成的好坏，直接关系到全军的安危。大家回去告诉部队，一定要坚守住阵地，人在阵地在，要用鲜血和生命来保证党中央和全军胜利渡江！"

——时任红五军团第十三师第三十七团政治委员谢良的相关回忆

从5月3日至9日，中央红军从皎平渡及洪门渡、鲁车渡全部渡过金沙江。

在此前后，单独行动的红九军团，也由会泽以西的树节、盐井坪地区渡过了金沙江。此前，1935年3月31日，被滞留在乌江以北的红九军团，在十分危急的情况下，部队当机立断，撤离乌江北岸，并经过一天一夜的隐蔽急行军，于4月3日到达打鼓新场以东的老木孔。第二天，在老木孔以南20里设伏，击溃黔军七个团的进攻，这一战斗是红九军团单独行动中转危为安的关键一仗。4月28日前后，红九军团进占宣威。这里的火腿驰名中外，当地群众生活却非常贫困。红军入城后，首先打开敌人的监狱，释放了“政治犯”和无辜的老百姓，处决了一些酷吏，并没收了由官僚资本经营的“宣合公司”等库存的火腿，以及几家土豪劣绅的3000多担谷和许多财物，大部分给贫苦群众。5月3日，红九军团进占东川县城，抓住了县长杨茂章，召开万人大会进行公审，按群众要求立即处决。并将没收来的土豪劣绅的财物分给群众。5月6日，红九军团渡过金沙江后，遵照中革军委命令，继续在沿江活动，坚守金沙江西岸防线。随后北上，在5月21日同红三军团在礼州会合，历时近两个月的单独行军和作战胜利结束。

← 金沙县老木孔菜籽坳战斗遗址

↓ 金沙县老木孔菜籽坳战斗胜利纪念碑

云南宣威红九军团司令部驻地旧址

时任红九军团第三师七团团长的刘华香回忆说：宣威是云南省东北部有名的富庶城市，宣威火腿驰名全国，城内有好几家罐头工厂。我军团在宣威进行了休整，并做了大量群众工作，把没收几家军阀经营的火腿罐头公司的财物和地主们的粮食分给穷苦群众，受到了广大群众的称赞和信任，扩大了红军的影响。我军团在宣威仅停留两天，就有300多人参加了红军。指战员们在宣威吃了不少火腿，还带了些火腿罐头走。在宣威我军团还缴获了大批军用物资，筹集军款三万多元，给每位指战员发了两块银元的零花钱。

红九军团转战云南经过的东川大地

云南东川的红九军团司令部旧址

东川西北的树节渡

5月11日，国民党军追到金沙江边，这时，红军早已进到会理地区集结休整，追敌无可奈何，只有望江兴叹！至此中央红军摆脱了优势敌军的追堵拦截，粉碎了蒋介石围歼红军于川、黔、滇边境的计划，取得战略转移中具有决定意义的胜利。

第六章

北上川康，会师红四方面军

中央红军渡过金沙江后，粉碎了国民党军围追堵截计划，夺取战略转移的主动权。但由于部队连续作战，指战员非常疲劳，基层、中央和红军领导层中出现怨言。为此，中共中央在会理召开政治局扩大会议，充分肯定毛泽东的战略战术，维护了党和红军的团结，进一步巩固了遵义会议的成果。随后，中央红军在毛泽东等的正确领导和指挥下，顺利通过大凉山彝族聚居区，抢渡大渡河，飞夺泸定桥，翻越夹金山，与红四方面军胜利会师。

一、会理会议

中央红军北渡金沙江后，距离国民党尾追之敌有一个多星期的路程。按照中革军委决定，红三军团与干部团围攻会理城，其他部队在会理地区进行短期休整。

古会理城城楼

会理，位于四川省西南部，金沙江北岸，为川滇交通要邑，战略地位十分重要。城内的防守兵力薄弱，但城防工事比较坚固。

1935年5月9日，红三军团和干部团进攻会理城。守敌凭借坚固的城墙拼死抵抗。红军发动多次攻击都没有奏效。5月12日，红三军团采用坑道爆破方法，在城墙脚挖开一个洞，把棺材里面填满炸药，放进洞里引爆。然而，坚固的城墙只撕开一个小口子，很快就被守敌堵上了。经过七天七夜，仍然没有攻下会理古城。

← 红军在会理留下的标语（一）

↓ 红军在会理留下的标语（二）

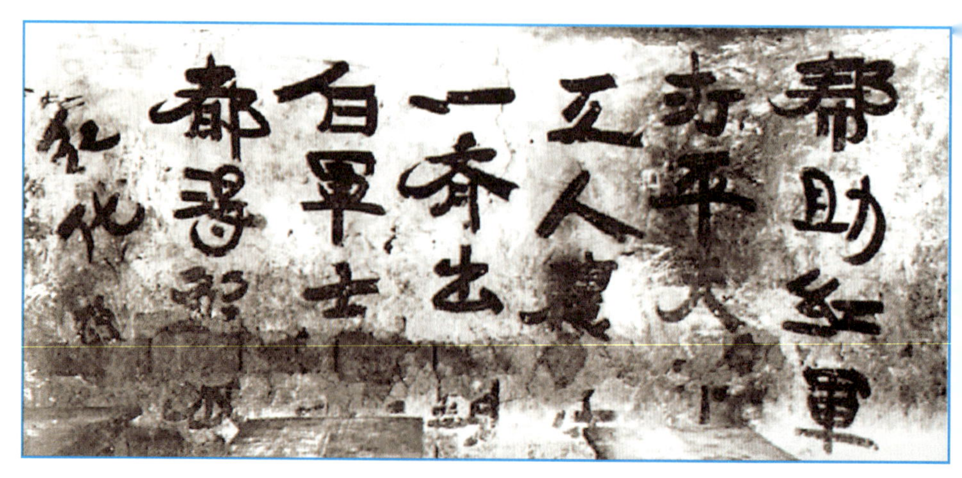

与此同时，5月12日，中共中央在会理城郊的铁厂召开政治局扩大会议，即会理会议。

↑ 会理会议遗址

← 会理会议纪念碑

遵义会议后，中央红军在毛泽东的指挥下，一反之前的被动态势，声东击西，机动灵活，打了不少胜仗。有时为了甩掉敌人，不能不跑些冤枉路。对此，一些同志心中不服气，即使原来拥护毛泽东的红军将领，有的也不理解。林彪就埋怨红军走的尽是“弓背路”，认为应该走“弓弦”。

在会理会议上，林彪写信给中革军委，要求改换中央军事领导人，大意是毛泽东指挥军队作战是不行的，应该解除其指挥权，让彭德怀指挥中央红军北进，与红四方面军会合。毛泽东批评了林彪，说：“你懂得什么？你不过是个娃娃！”又批评彭德怀：“林彪的信就是你鼓动起来的！”彭德怀当时并没有解释，此后多年毛泽东对他一直有这种误会。直到24年后林彪在庐山会议上当面陈说那封信与彭德怀同志无关，他写信彭德怀不知道，这个误会才得以澄清。

在会理会议上，周恩来等肯定毛泽东的军事指挥是正确的，赞扬了毛泽东的军事领导艺术。会议还着重总结了中央红军自四渡赤水以来的作战、渡过金沙江以后的行动和取得胜利的历史经验，进一步统一了思想，增强了团结，巩固了毛泽东在红军和中共中央的领导地位。会议决定继续北上，抢渡大渡河，会合红四方面军。

二、彝海结盟，通过彝族区

中革军委按照中共中央会理会议的决定，于5月14日决定放弃对会理城的围攻，以主力沿会理至西昌大道北进，通过彝族区，抢渡大渡河，以粉碎蒋介石围歼红军于大渡河以南的企图。

彝族，是中国的少数民族之一，主要聚居在中国西南地区。他们长期遭受国民党反动政府、地方反动军阀以及奴隶主的残酷剥削和压迫，经济文化落后，生活极其贫困。由于历史上造成的民族隔阂，他们对汉族不信任，不准汉人的军队进入他们的居住地域。因此，红军要想从这里顺利通过，必

5月大凉山开遍索玛花

须正确执行中国共产党的民族政策，严格遵守彝族群众的风俗习惯和三大纪律八项注意。为此，中共中央以红军总政治部的名义，发布了《关于争取少数民族工作的训令》，同时，中共中央又以红军总司令朱德的名义，发布了《中国工农红军布告》，大力宣传中国共产党和红军的性质、宗旨、主张、纪律和民族政策等，号召彝族人民群众同红军合作，共同反对国民党的反动统治。

中國工農紅軍布告

中國工農紅軍，解放弱小民族；
一切夷漢平民，都是兄弟骨肉。
可恨四川軍閥，壓迫夷人太毒；
苛捐雜稅重重，又復妄加殺戮。
紅軍萬里長征，所向勢如破竹；
今已來到川西，尊重夷人風俗。
軍紀十分嚴明，不動一絲一粟；
糧食公平買賣，價錢交付十足。
凡我夷人群衆，切莫懷疑畏縮；
趕快團結起來，共把軍閥驅逐。
設立夷人政府，夷族管理夷族；
真正平等自由，再不受人欺辱。
布望努力宣傳，將此廣播西蜀。

紅軍總司令 朱德

以朱德名义发布的《中国工农红军布告》

长征到达陕北的部分彝族红军战士合影

彝族兄弟来参军

红军严明的纪律赢得了沿途各族人民的支持与拥护，群众踊跃参加红军。仅红三军团十一团在此就扩兵700多人，其中彝族战士100多人。这些彝族战士过去长期过着原始散漫的生活，参军之初，不顾红军的组织纪律，行军路上看到小摊贩的东西就拿，红十一团政治部就派人跟在后面给人家付钱，赔礼道歉。部分彝族战士觉得生活不习惯，跟着红军走没多远，有人回家了。十几个彝族战士历经考验，到达陕北，成长为钢铁战士。

为顺利通过彝族区，由红一军团第一师第一团和一个工兵排组成中央红军先遣队，由刘伯承兼司令员，聂荣臻兼政治委员，率先向大凉山彝族区进军。行前，毛泽东对先遣队司令员刘伯承再三嘱咐说：“先遣队的任务不是打仗，而是宣传党的民族政策，用政策的感召力与彝民达到友好。只要我们全军模范地执行纪律和党的民族政策，取得彝族人民的信任和同情，彝民就不会打我们，还会帮助我们通过彝民区，抢渡大渡河。”

5月20日21时，刘伯承、聂荣臻率领中央红军北上先遣队，开始向大凉山彝族聚居区域前进，于21日进入冕宁。

冕宁地形险要，有近1/3人口是彝族。在红军到来之前，就有从西昌师范学校撤回冕宁的地下党负责人陈野苹和地下党员廖志高，发动群众，准备迎接红军。所以红军一到，就受到群众的热烈欢迎。

今日冕宁

点灯迎红军

1935年5月21日凌晨，北上先遣队进入泸沽北面的冕宁城，红军指战员露宿在大街上。万籁俱寂之中，忽然听到有人在喊：“家家点红灯，点灯迎红军！”顷刻间，小城灯火辉煌，人声鼎沸。走出家门的老百姓给红军送上热水，端出一筐筐红樱桃。盛情的款待给历经艰辛的红军战士带来了意外的惊喜。这惊喜是冕宁地下党组织和冕宁百姓献给红军的厚礼，这也是红军在漫长、艰苦的长征路上受到的一次在白色恐怖下有组织的盛大迎接。

5月22日，陈云召开有当地党组织的陈野苹等人参加的会议，决定成立冕宁县革命委员会，由陈野苹任主席。23日，冕宁县革命委员会在文庙大成殿正式成立，这是中央红军入川后的第一个红色政权。与此同时，红军特委书记王首道主持建立了党的秘密组织中共冕宁县工委和地方武装冕宁县抗捐军，开展斗争。

↑ 冕宁抗捐军使用过的红袖套

↓ 当年召开冕宁县革命委员会成立大会会场旧址

5月21日，中央红军遵照中革军委的命令，从冕宁县泸沽地区分兵两路北进。22日，右路红二师第五团攻占越嶲，歼守军一个营，释放了被国民党反动政府关押在县衙里的彝族群众数百人，并前出到大树堡渡口，伪装主力红军由此渡河北上，牵制对岸富林的国民党川军。同时，北上先遣队计划经冕宁、大桥、拖乌，24日到达安顺场。这条路线要经过彝族聚居区，行进艰难。

1935年5月22日，《红星》报发表社论《迅速渡过大渡河，创造川西北新苏区》

红星

社論

迅速渡過大渡河，創造川西北新蘇區！

对于这段路难走的经历，当时的先遣队中的工兵连连长王耀南回忆说：

彝民区山路崎岖，古树参天，野草丛生，地面覆盖着一层腐烂的树叶。彝民听说汉族军队又来了，将一些山涧上的独木桥拆毁，把溪水里的石墩搬开……这样，我们只能边行军，边砍树架桥，修整通路。过了俄瓦拉口，我们便渐渐从先遣队的前面落到了后面，连队也散开了。隐藏在山林里的彝民不时挥舞着土枪、长矛出现，有时甚至放冷箭、打冷枪。……我们刚走进离巴马房不远的一个山谷里，突然听到远处几声枪响，随着几个彝民朝我们跑来。他们手里拿着土枪、长矛、弓箭等向我们挥舞，拦住我们前进的道路。……

不一会儿，彝民们几个人围住我们一个人，开始动手抢我们的武器和工具。……猛然间，我想起了党的政策、军队的纪律、上级的命令，每个党员，每个干部，每个红军战士都要执行，这是起码的觉悟，我怎么能带头违犯纪律呢？我看到指导员罗荣同志虽然也被扒得精光，但他赤着身子还在大声喊：“总部命令，不准开枪！”

萧华、冯文彬率领的红军先遣队前卫连也遇到了彝民拦路。他们一面告诫战士不准开枪，一定要严格遵守党的民族政策；一面派通司向彝民说明红军同国民党军不同，红军不是来抢劫、杀害彝民的，只是借道北上，不在此住宿。可是，彝民们仍然不肯放行。

正在不可开交时，彝民沽基族首领小叶丹的四叔到了。通过交谈，他了解了红军的来意，并看到红军纪律严明，不像国民党军队那样烧杀抢掠，便对红军的话深信不疑。先遣队司令员刘伯承按照彝族的习俗，同对红军比较友好的沽基族首领小叶丹歃血盟誓，结拜为兄弟，并赠送武器、弹药，帮助他们建立自己的武装。刘伯承还代表红军授予小叶丹一面书写“中国彝民红军沽鸡支队”的队旗，正式成立了红军彝民支队。

1935年5月22日红军先遣团司令员刘伯承与彝族首领沽基小叶丹结盟处结盟石

→ 小叶丹的妻子手执中国彝民红军沽鸡支队旗帜

↓ 1995年彝海结盟60周年之际落成的彝海结盟纪念碑雕塑，雕塑人物为：刘伯承、小叶丹、聂荣臻、沙马尔

当时参加过刘伯承与小叶丹结盟仪式的萧华，后来回忆结盟时的情景说：

刘伯承同志和小叶丹叔侄来到海子边上。他们面前摆着滴过鸡血的水碗。

不用香，不用烛，面对着蔚蓝的天和清明的水；主宰这个盟誓的是兄弟民族团结的赤诚。

刘伯承同志高高地端起了大碗，大声地发出誓言：“上有天，下有地……刘伯承愿与小叶丹结为兄弟……”，当他念完最后一句，便把鸡血水一饮而尽。小叶丹叔侄也立即把“盟酒”饮完，结盟的仪式便告结束。

夕阳的余晖映红了海子里的水，海子边上呈现出的是友爱、团结的气氛。虽然暮春傍晚的大凉山还是凉风习习，然而人们的心中却是温暖的。

第二天，小叶丹的四叔带红军入境。结盟的消息早已传开，凭着头一天的亲身经历，彝族人民已经相信红军司令与他们的首领结盟是真诚的，红军是不会侵害他们的。他们成群结队地站在路旁看着红军的队伍，浩浩荡荡，向北而去。红军经过近百里的强行军之后，走出了彝族地区。

为红军带路的彝族向导（作者：黄镇）

三、强渡大渡河，飞夺泸定桥

中央红军通过彝民区后，即向大渡河兼程前进。此时，蒋介石飞抵昆明亲自部署大渡河的会战，命令大渡河沿线各地赶筑碉堡工事，并调集十余万兵力，企图将中央红军围歼于金沙江以北、大渡河以南、雅砻江以东地区，使红军成为石达开第二！

大渡河，位于四川西部，古称沫水，是岷江最大支流，两岸都是横断山脉，崇山峻岭。红军所要夺取的渡口安顺场，河面有300多米，水深30米，河面漩涡无数，水性好的人也无法泅渡。水深流急，不易架设浮桥，只能船渡。船横渡时，要先牵引到上游二里许，放船后，还需要经验丰富的艄公掌舵，十余名船工同时撑篙摇撸，与急流形成合力，才能使船沿着一条斜线驶到对岸。

↑ 石棉县安顺场渡口旧址

↓ 朱德总司令关于强渡大渡河的命令

中央红军先遣队红一军团第一师第一团接到强渡大渡河的任务后，冒着大雨经过140多里的急行军，于5月24日赶到安顺场，并歼灭守敌两个连，缴获渡船一只，控制了渡口。

朱德总司令关于强渡大渡河的命令。

释文：万万火急林刘聂彭杨董李罗何邓蔡：

A. 西昌之敌昨固守城内未出据报泸沽越西均无敌冕宁有少数敌人□□□□

B. 我野战军以迅速北进取得大渡河渡河点以便早日渡江消灭敌人创立川西北苏区之任务定今廿号至明廿一号的行动如次：

1、一军团缺两个团今晚续进至泸沽地域向冕宁侦察，一军团之第一团随刘聂（罗病聂代）明日向登相营越西前进，无敌情要走百廿里左右第五团归左刘（亚鲁 注①指挥为第二先遣团亦带电台转随第一团后跟进。

2、军委纵队及干部团今晚前进到松林地域。

3、五军团俟三军团先头团接替监视西昌之敌任 今晚开起□地域。

4、三军团以先头团于今十八时前后开拔马道子小庙 □□替五军团之三十七团监视西昌之敌任务其主力则陆续开到其后卫团则留马鞍山向来路警戒。

5、九军团应于明廿一号以急行军赶到西昌附近届时应由三军团派队掩护和接引以便九军团明晚开抵锅盖梁地域。

C. 各兵团除九军团外明廿一号均休息一天准备廿一日夜半后行动。

D. 你们必须动员全体指战员在群众中进行反对中央军□□派米拉夫拉马及使用纸票强奸妇女的宣传并到处写贴标语不得丝毫□□

朱德
中央□时半

注：①即刘亚楼

5月25日，红一团开始强渡大渡河。战前团长杨得志和政委黎林对部队进行了政治动员，说明这次渡河关系全军成败，一定要战胜一切困难，完成任务，为全军打开一条通向胜利的道路。上午7时，一营营长孙继先率领第二连连长熊尚林等17勇士组成的渡河奋勇队，在团机枪连和军团炮兵营的火力掩护、船工的帮助下，冒着敌人密集的火力，分两批乘小船由安顺场驶向对岸。智勇双全的勇士们，经过激烈战斗，击溃守敌，控制了对岸渡口，巩固了滩头阵地，从而在敌人视为插翅难飞的天险大渡河防线上，打开一个缺口。

强渡大渡河（作者：李如）

→ 红军强渡大渡河时的指挥所

↓ 红军当年强渡大渡河的渡口，被后人称为“红军渡”

↑ 强渡大渡河勇士与斯诺合影

← 当年帮助红军强渡大渡河的五名船工，从左至右：龚万才、帅仕高、张子云、魏崇德、郑守安

↑ 红军强渡大渡河时用的船只（复制品）

← 中国工农红军强渡大渡河纪念碑

红一团渡河成功，打开了中央红军北上的通路。但是，大渡河水流湍急，河面太宽，不能架桥，能找到的四只渡船，只有一只是好的，其余三只尚需修理。全军几万人如果只靠这几只小船来渡河，不知道要花费多少时间，而此时尾追之敌薛岳已过德昌，正向大渡河昼夜赶来，情况十分危急。5月26日，中革军委作出新的部署：红一师及干部团为右纵队，归聂荣臻、刘伯承指挥，循大渡河左岸；林彪率红一团军团部、红二师主力及红五军团为左纵队，循大渡河右岸，均向泸定桥疾进，协同袭取泸定桥。军委纵队及红三、红九军团和红五团随左纵队后跟进。

↖ 中革军委作出新部署的地点泸定磨西镇

↓ 泸定桥

斯诺在《西行漫记》中写道：

在安顺场以北约400里的地方，山峡高峙，两岸狭窄，水流既深且急。那里有一座有名的铁索吊桥，名叫泸定桥。这是西康以东大渡河上最后一个可能渡过的渡口。赤着脚的红军，现在沿着峡谷里一条曲折的小道向这个地点推进，他们有时往上爬几千尺，有时又向下走到涨水的河边，在齐腰的泥浆中跋涉前进。如果他们能夺取泸定桥，全军就能够进入四川中部。如果失败，他们就得从原路折回，经过彝族地区重入云南，向西打到邻近西康的丽江——这样得绕道1000英里，就没有多少人可以指望活下来。

5月27日，左纵队先头部队红四团，在团长黄开湘和政委杨成武率领下，在“和敌人抢时间，和敌人赛跑，坚决完成任务，拿下泸定桥”的口号下，从安顺场出发，不顾饥饿，不怕疲劳，多次击溃川军的拦阻，昼夜兼程向泸定桥疾进。

傍晚，突然下起了倾盆大雨，电闪雷鸣，天黑得伸手不见五指。部队一天没有吃上饭，肚子饿得实在难以支撑，道路泥泞，更是走不快，牲口、行李都跟不上。忽然，他们发现对岸山坳上出现几点火光，刹那间变成了一条火龙，知道敌人也在赶往泸定桥。于是，他们也点起火把，形成了两条火龙在河两岸竞相赛跑的奇特场面。

敌我双方在大渡河两岸竞相赛跑的场景（作者：沈尧伊）

↗ 红军飞夺泸定桥战前会址——泸定县泸桥镇西南沙坝村天主教堂

↓ 泸定西桥老街旧照。红军飞夺泸定桥战役前，在西桥老街居民家中借取大量木板和门板，用于铺桥。

红军战士们于29日晨经过320里的急行军，终于赶到泸定桥，并袭占了西桥头。泸定桥的东桥头与泸定城相连，在红军到达前，敌人已将铁索桥的木板拆除，只剩下13根铁链横在大渡河上，形势十分险恶。

5月29日中午，红二师四团在泸定镇天主教堂召开干部会议，研究夺取泸定桥，决定由二连挑选22名共产党员和积极分子组织突击队，连长廖大珠任突击队长，三连担任第二梯队，在突击队后面负责铺桥板，以保证后续部队迅速攻占城区。

5月29日16时，红四团经过紧张的准备，发起夺桥战斗。英勇的红军突击队一往直前，迅速歼灭守桥之敌，胜利抢占了大桥，并掩护后续部队占领了泸定城，打开了中央红军北上的道路，为中国革命立下不朽的功勋。

飞夺泸定桥（作者：刘国枢）

杨成武回忆起飞夺泸定桥的惊险场面：

总攻在下午4点开始。团长和我在桥头指挥战斗。全团的司号员集中起来吹起冲锋号；所有的武器一齐向对岸敌人开火，军号声、枪炮声、喊杀声震撼山谷。22位突击英雄手持冲锋枪或短枪，背挂马刀，腰缠12颗手榴弹，在廖大珠连长的率领下，冒着密集的枪弹，攀着桥栏，踏着铁索向对岸冲去。跟着他们前进的是三连长王有才率领的第三连。他们除携带的武器外，每人扛一块木板，边铺桥，边冲锋。

当突击队刚冲到对面桥头，西城门突然烧起冲天大火。敌人企图用火把我们挡在桥上，用火力消灭我们。火光照亮了半边天，桥头被熊熊大火包围了。

这正是千钧一发的时刻。……在洪亮的冲锋号中，他们神速地向着火里冲去了。……巷战在街口展开了。敌人集中全力反扑过来，22位英雄的子弹、手榴弹都打光了，形势万分紧急，眼看支持不住了。正在这个时候，王有才连长带着三连冲进去了，接着团长和我率领着后续部队也迅速过桥进了城。经过两个小时的激战，两个团的敌人被消灭大半，剩下的狼狈逃窜。黄昏，我全部占领泸定城，牢靠地控制了泸定城。

泸定县红军飞夺泸定桥纪念碑。

纪念碑位于泸定县城南大桥旁。984年开始筹建。1985年3月，邓小平为“红军飞夺泸定桥纪念碑”题写碑名，台阶左右两侧碑体上有用汉藏两种文体刻下的、由聂荣臻撰写的碑文。

泸定县红军飞夺泸定桥纪念馆

四、翻越夹金山与红四方面军会师

泸定会议会址

夺取泸定城的当天晚上，中共中央在泸定城召开政治局会议。会议决定：一是红军向北走雪山草地 线，避开人烟稠密地区；二是派中央政治局常委、中央白区工作部部长陈云去上海，恢复白区党的组织。会后，陈云离开长征队伍，在地下党组织的护送下，经成都、重庆到上海。

6月3日，中央红军各纵队翻越二郎山附近的一个叫甘竹的高山，这也是中央红军长征以来最艰难的行军之一。

随干部团翻越二郎山的郭德琳回忆翻越的艰难时这样说：

从二郎山下来，又立刻爬上一座山，这就是二郎山北侧向东延伸的甘竹岭。这山高2000多米，虽没二郎山那么高，却也是满山的原始森林，而且里面密密麻麻地生长着大大小小、粗粗细细的毛竹。它们盘根错节，伸延在腐烂的陈年落叶之中，这些竹根与竹鞭有时成为绊倒行人、折断马脚的罪魁祸首。森林中终年不见阳光，昏暗如暮，阴森潮湿，臭气弥漫，溪流虽然清澈，但有刺骨之寒。部队在此行进，速度非常缓慢，走了一天，仍在林中……

天黑了，伸手不见掌，我们燃起了火把。然而，行进速度越来越慢，基本上是三步一停，两步一蹲，前面动一下，后面也跟着不能不动一下。大概是夜雾浓重，树叶子上纷纷滴下水珠，犹如雨点落在头上和身上。本来就很潮湿的黑色淤泥，经过前面部队一踩，早已变成又滑又深的黑泥浆，轮到最后面的我们走时，双脚陷入的深度几乎超过一尺，每走一步都要付出极大的力气，才能把脚从泥浆中拔出，因此，不少人的布鞋、草鞋都陷进去了，只好光着脚板走路了。

……几乎每个人的脸上和身上都粘上了黑色的泥浆，真正成了个“泥猴子”。这还不算，有不少人的颈脖上、手上、脚上还流着鲜血，仔细一看，原来是山蚂蟥爬到身上来吸血了。借着火光再往四周一看，许多手指粗、半尺长的硬壳千脚虫，正向着火光爬来。这边打死一条，那边又来了好几条，一场痛歼千脚虫的战斗，打得好不热闹。忽然有人喊道：“竹子上有蛇！”大家抬头一看，果然有四五条青竹蛇盘绕在竹子上，吐着血红的信子，有的朝着火光扭着身子游过来……

6月7日，红九军团先头部队两个营，在红三军团的策应下，占领了天全。红一军团8日乘胜进占芦山。

千里归队

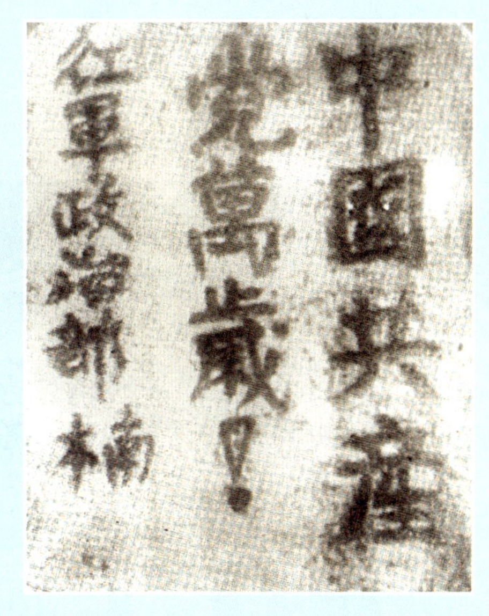

红军长征时刻在天全县乐英坝小学内石碑上的标语

红九军团在天全休息一天。军团无线电队政委袁光听说有人要见他，并且说是无线电十四分队的。他觉得很奇怪，就急忙向外走去。只见一个衣衫褴褛的人站在门口，一见面就喊起来："袁政委，我可找到你了！"原来是无线电队运输排的刘排长，瘦得吓人。他是在贵州得了重病，当时把他寄养在老百姓家里。几天后，在老实厚道的房东的精心照顾下，他的病好起来了。然后，就翻山越岭追赶队伍。刘排长身上没有武器，没有一个铜板，只有一颗从军帽上摘下来的红五星藏在身上。那时，红军正在大踏步地运动作战，行动没有固定区域。他到处打听，沿着红军的足迹，从贵州追到云南。好几次，听到了红军的消息，甚至见到从红军那里分到粮食的穷人们，可是当他拼命赶到那里时，红军早已离开了。几经周折，没有找到队伍，然而，红军一路留下的标语，却使他找到了希望。

发现了寻找红军的线索，刘排长更加坚定了归队信心。一路上，因为他完全是个穷人的打扮，怕暴露江西瑞金口音，不便多问，就凭着红军写下的标语和穷人辗转相传的消息，来判断红军的足迹。白天不好走，就在夜间走；大路不便走，就找小路走；干粮早就吃光了，就沿途讨饭吃，还要警惕地躲避白军和民团的盘查。有一次，为了抄近道追赶队伍，他在一座荒山上迷了路，走了整整一天，也摸不清方向，饿得头昏眼花。天黑时又发起烧来，他仍然迈着沉重的步子，到处寻找着道路，直到走不动，一头栽倒在树丛里。突然远处传来了激烈枪声，他惊醒过来，向枪响的地方扑去。天明以后，刘排长赶到昨夜的战场，看见遍地敌尸。他知道距离红军队伍没有多远了。就这样，刘排长一直是带病，在老百姓的帮助下，渡过金沙江，又坚持从金沙江畔追到西昌，从西昌赶到大渡河；在大渡河边，他又是靠群众的帮助，顺利地渡过河。这天，太阳初升的时候，他来到大渡河东岸，终于找到了红军的队伍。

——时任红九军团无线电队政委袁光的相关回忆

6月8日，中央红军一举突破敌人芦山、宝兴防线，歼敌一部。随后，经宝兴的盐井坪、崔店子，进到夹金山脚下的大硗碛。

红军长征经过的四川宝兴盐井乡深山中的天主堂

夹金山，是中央红军长征途中跨越的第一座大雪山，海拔4000多米，终年积雪，空气稀薄，没有道路，没有人烟，气候变化无常，有"神山"之称。衣着单薄的红军指战员，要越过这人迹罕至、禽兽无踪的大雪山，困难是可以想见的。

广大指战员，多数来自气候炎热的南方亚热带地区，缺乏爬雪山的常识和经验。因此，各营都分组进行动员活动，把爬雪山将要遇到的困难和当地群众提供的经验向战士们作了介绍，要求大家互相帮助，互相鼓励，战胜困难，胜利越过夹金山。说是做好充分准备，在当时物质条件极差的情况下，实在很难做到"充分"。当地居民少，而且很穷，无法买到御寒的烈酒和辣椒，更难找到冬天的衣服、鞋子。这个村子能给红军最大的帮助，是给每个人提供一根拐棍，以借力爬山。

但是，红军以大无畏的英雄气概，于6月12日开始向夹金山进发。先头分队边开路边行进，稍有不慎，就会滑下雪崖，葬身雪窟。红军广大指战员手拉手，艰难地向前迈进，怀着必胜的坚定信念，发扬不怕苦不怕死的革命精神，以坚韧不拔的顽强毅力，同心同德，团结互助，战胜风雪严寒和高山缺氧等重重险阻，终于征服了“神山”，跨越了第一座大雪山。

↑ 夹金山

↓ 红军过雪山

（作者：艾中信）

对于雪山的艰难情景，时任红五军团第十三师第三十七团政治委员谢良在回忆中说：

越往上爬，气温越低，寒风吹在身上，冷飕飕的；雪粒打在脸上，像刀割似的疼痛。我们身上穿的都是单衣，几乎和没穿衣服一样。有的同志把毯子裹在身上，也无济于事，仍冻得浑身哆嗦，牙齿打颤。特别是一双脚，长时间在冰雪里行走，草鞋浸湿后冻上了冰，硬邦邦的，磨得生疼。很多同志的脚被冰碴划破，鲜血直流。……

再往上走，空气更加稀薄，胸口就像压着一块大石头一样透不过气来，两条腿也像灌了铅似的沉重。每向前迈出一步都要花费很大的气力，连着走几步心就跳得格外厉害，甚至头昏目眩，仿佛整个雪山也都晃动起来。……

快接近山顶时，山势更加险峻。风大，路滑，经常有人跌倒，甚至从雪坡上滚下去。不少同志已精疲力竭，走几步就呼呼直喘，只想坐下歇一歇。……

在路的两旁，可以看到一个个隆起的雪堆，使我们感到沉痛，同时又使我们警惕起来，仿佛那些牺牲的战友对我们说：可不能松劲呀，一定要拿出身上所有的力气，咬紧牙关，坚持到底，战胜这冷酷无情的大雪山！

爬雪山，最困难的还是那些年老体弱的同志，如朱德、董必武、林伯渠、谢觉哉、徐特立等年纪大的人，尤其是朱德，他虽然有一匹马，却让给了伤病员，自己背着粮食和战士一样爬山。除此之外，他还要指挥军队，在爬山前他检查每一支部队，过雪山后又到各部队巡查。徐特立是长征队伍中年龄最长者，当时已经58周岁，头发斑白，牙齿都脱落了，但他生活一如士兵，很少骑马。董必武、林伯渠、谢觉哉等，也都已经50岁左右，仍和战士们一样爬山。

董必武

林伯渠

谢觉哉

徐特立

↓ 下雪山的喜悦（作者：黄镇）
↘ 翻过夹金山后，红军在藏民区域见到的贫苦农奴的家屋（作者：黄镇）

大雪山虽然难以逾越，但是，红军指战员们靠着革命的英雄主义精神，坚韧不拔的毅力，互相之间的团结互助，终于把这座人迹罕至的大雪山甩在了身后。

炊事班长：最后的党费

1935年6月的一天傍晚，中央红军红五军团三十七团，翻过夹金山，来到宿营地。刚要进村，团长就接到军团首长的一封信，信中说：为了保卫党中央，掩护一、四方面军休整，你们接到信后，迅速返回夹金山，再至盐井坪一线坚守阵地，继续阻击尾随的敌人。团长和政委决定：一些年纪大的、身体不好的红军战士，就留在这里，不要再过雪山了。但是，一连炊事班长老刘却不同意留下来。在盐井坪，红三十七团和敌人对峙整整一个星期后，接到上级来电：中央政治局在两河口举行会议，确定集中主力向北进攻。红三十七团接此电后，应立即翻过夹金山，经达维到懋功待命。从第一次过雪山那天算起，红三十七团要第三次翻越夹金山了。离山顶不远时，狂风卷着暴雪，铺天盖地压来。部队登上山顶的时候，炊事班长老刘躺在雪地上，不省人事。……虽然同志们大声呼喊，他却再也不吱声了。打开手绢后，里面有两张用旧了的中央革命根据地的钞票和一块银元，还有一张小纸条，上面有两行模糊的铅笔字："如果我牺牲了，这是我的最后一次党费。"

——时任红五军团第十三师第三十七团政治委员谢良的相关回忆

第七章

坚定北上，战胜张国焘分裂主义

中央红军与红四方面军会师后，中共中央政治局在懋功北部的两河口召开扩大会议，正确分析当时全国抗日救亡运动发展和全国的形势以及川西地区的实际情况，确定了北上创建川陕甘根据地的战略方针。但是，张国焘反对北上，并自恃兵强马壮，个人野心膨胀，企图攫取党和红军的最高领导权。中共中央为了争取红四方面军共同北上，对张国焘的错误进行了批评和斗争，最终中央红军和红四方面军混编为左路军和右路军，分别北上。

毛泽东、周恩来率领的红军右路军经过六七天的艰苦行军，跨越茫茫水草地，到达班佑、巴西地区，并攻占包座，等待左路军前来会合。张国焘率领左路军占领阿坝后，反对中共中央关于红军主力走班佑、直出甘南的重大战略决策。中共中央以极大的耐心对其进行说服、教育，争取其率领左路军共同北上。但是，9月初，张国焘公然反对北上方针，电令陈昌浩“南下，彻底开展党内斗争”。在这危急时刻，中共中央率领红一方面军（由中央红军改称）主力先行北上。

一、懋功会师

四川懋功（今小金）达维会师桥

1935年6月12日，中央红军翻越夹金山的先遣队红一军团第二师第四团，在懋功县城东南的达维镇木城沟与前来迎接中央红军的红四方面军先头部队红九军第二十五师第七十四团胜利会师。

时任红一军团第四团政委的杨成武，回忆会师时的情景时说：

关于四方面军，当时，我们只知道他们在岷江边的理番、茂县一带活动，还不知道他们到了夹金山北麓。与四方面军会师，中央军委早就提出来了，我们抢渡金沙江，夺取泸定桥，就是向着这个既定的目的前进的。哪知，我们翻过雪山就意外地遇到了亲人啊。

我们正半信半疑。一个侦察员飞奔而来，边跑边喊：

“是红四方面军的同志！”

“红四方面军的同志来了！”

与此同时，山下传来了清晰的“我们是四方面军”的喊声。

顿时，整个山谷响起了一片欢呼，震得山谷抖动。万万没有想到，就在这夹金山下，会见了我们日夜盼望着的亲人红四方面军的同志！

我们蜂拥而下，同四方面军的同志紧紧握手，热泪夺眶而出，长时间地沉醉在欢乐中，二百多天，一万多里的征战，我们遇到的是敌人的紧紧追击，重重堵截和想象不到的层层困难，从来没有看到兄弟部队的战友。在湘江之滨，我们虽然那样热切地盼望与红二、红六军团会合。但未能实现。此刻，突然与红四方面军会合，我们怎能不激动！怎能不欢喜若狂！

6月17日，毛泽东、朱德、周恩来、张闻天等中央领导人翻过夹金山，来到达维，受到红四方面军先头部队的热烈欢迎。当天晚上，在达维镇喇嘛寺附近的坡地上，举行了两军会师联欢会。会场上搭了一个简易的讲台，四周悬挂着几盏油灯。联欢会由周恩来主持，红二十五师师长韩东山代表红四方面军讲了话。接着，毛泽东和朱德先后讲话。

庆祝红一、红四方面军会师大会旧址——四川小金达维镇喇嘛寺

据韩东山回忆，毛泽东在讲话中说：这次会师具有伟大的历史意义，是红军战斗史上的重要一页，是中华苏维埃有足够战胜国民党反动政府和完成北上抗日任务的力量表现。我们在中央苏区就知道四方面军的同志在党的领导下，作战英勇，创造了川陕苏区，消灭了很多敌人，各方面都有很大成绩。

我们红军是打不垮、拖不烂的队伍，是劳动人民求解放的队伍。我们从离开中央苏区那天起，每天都是同超过我们几倍的敌人作战，但是敌人的围追堵截不仅没能消灭我们，而我们却大量消灭了敌人。战斗中虽然有一些伤亡，但我们却锻炼得更加坚强，扩大了革命影响，沿途撒下了革命种子……

今天胜利会师了，我们一、四方面军是一家人，要在党中央领导下为彻底消灭蒋介石反动派，赶走日本帝国主义而共同奋斗！

← 中央红军送给红四方面军总医院谢超明的线毯

↓ 红四方面军战士送给中央红军电话纵队曾玉祥的银元

6月18日，中央领导人离开达维向懋功进发，当天到达懋功，受到热烈欢迎。懋功会师，使中央红军和红四方面军的指战员备受鼓舞。两支兄弟部队开展了互相慰问的活动。

会师后，当李先念得知聂荣臻骑的骡子在宝兴过铁索桥时损失了，就热情地送给他一匹骡子，聂荣臻在这匹骡子的帮助下走到了吴起镇。红九军司令部把十万分之一的四川地图送给了中央红军红九军团司令部。红四方面军的部队还进行了慰劳中央红军的捐赠活动，从北川、茂县、理番至懋功的沿途，络绎不绝的马队、牦牛队把一批批慰劳品送到中央红军驻地。中央红军也开展了对红四方面军的捐赠活动。此外，两支兄弟部队还广泛开展了互访、互学活动。朱德总司令亲自到红四方面军部队驻地，询问红四方面军部队休整的情况，介绍中央红军长征的经历，表达了对红四方面军的关怀。各部队还举行体育比赛，编排节目，教唱歌曲，进行联欢。红四方面军的战士会唱的歌曲比较少，李伯钊就到红三十军的部队教唱，使他们学会了不少新歌。

毛泽东等中央领导人和中央红军领导人来到懋功后，为庆祝两大主力红军会师，总政治部召开了联欢庆祝大会。6月21日，庆祝会师的活动达到了高潮。

懋功会师旧址——四川小金天主堂

到会的有1000多人，把天主教堂挤得满满的。当中央和红一、四方面军首长进入会场时，全场爆发出雷鸣般的掌声和此起彼伏的欢呼声。在热烈的气氛中，毛主席、朱德总司令先后讲了话。毛主席在讲话中号召红一、四方面军全体同志在党中央领导下，互相学习、亲密团结，开创革命的新局面。他的讲话不断被阵阵掌声打断……

毛主席、朱总司令讲话之后，会餐开始了。这是长征以来我们举行的第一次“盛宴”，每桌坐八人，四个菜，大家痛痛快快地大嚼起来，几碗菜一会儿就被扫荡一空了……

接着是丰富多彩的文艺演出，把联欢会推向高潮……庆祝会师的联欢晚会持续到半夜，我们都陶醉在胜利的喜悦之中。

——时任红九军团无线电队政委袁光的相关回忆

二、北上战略方针的确定

中共中央和中革军委根据对当时形势和所处地理环境的分析，决定放弃遵义会议制定的关于在川西北建立根据地的计划，集中力量向东、向北发展，在川陕甘建立根据地。张国焘却不同意中共中央提出的这一战略方针，坚持其南下川、康边错误主张。

6月26日，中共中央为了统一两大主力红军的战略思想，制定党的战略方针，在懋功以北的两河口举行政治局扩大会议。6月28日，两河口会议通过《关于一、四方面军会合后的战略方针》，指出：红军应集中主力向北进攻，以创建川陕甘苏区根据地；在战役上必须夺取松潘与控制松潘以北地区，使主力能够胜利向甘南前进。

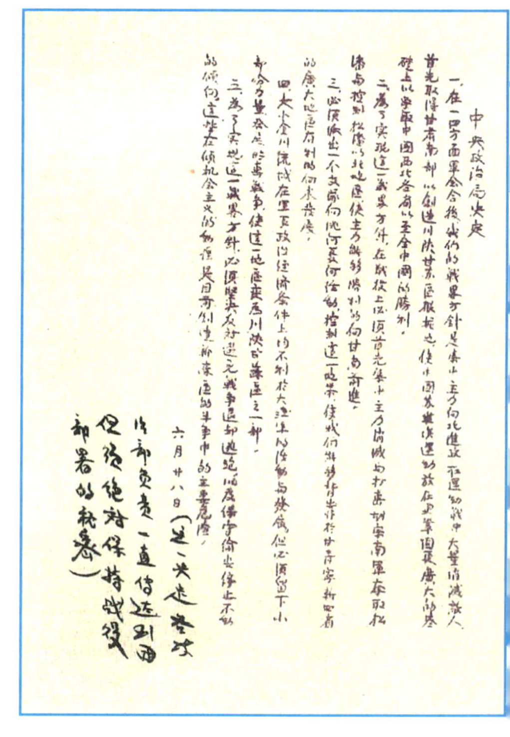

中央政治局决定

一、在一四方面军会合后，我们的战略方针是集中主力向北进攻，在运动战中大量消灭敌人，首先取得甘肃南部，以创造川陕甘苏区，使中国苏维埃运动放在更巩固更广大的基础上，以争取中国西北各省以至全中国的胜利。

二、为了实现这一战略方针，在战役上必须首先集中主力消灭与打击胡宗南军，夺取松潘与控制松潘以北地区，使主力能够胜利的向甘南前进。

三、必须派出一支部队向洮河、夏河活动，控制这一地带，使我们能够背靠于西宁、新疆的广大地区有利的向东发展。

四、大小金川流域在政治经济条件上均不利于大红军的活动与发展，但必须留下小部分力量发展游击战争，使这一地区成为川陕甘苏区之一部。

五、为了实现这一战略方针，必须坚决反对退却逃跑，以及停止不动的倾向，这些右倾机会主义的动摇是目前创造新苏区斗争中的主要危险。

六月廿八日

（送一、[illegible]作战部负责一直传达到团，但须绝对保持战役部署的秘密）

↗ 两河口会议决议
↓ 两河口会议纪念馆

根据两河口会议所确定的战略方针，中革军委于6月29日制定了《松潘战役计划》。同一天，中共中央政治局常委召开会议，决定增补张国焘为中革军委副主席，徐向前、陈昌浩为中革军委委员，从而为解决两军会合后的统一指挥，实现北上战略方针，提供了组织上的保证。按照《松潘战役计划》规定的进军路线，红军迅速向松潘开进。

6月30日，毛泽东、张闻天、周恩来、朱德等中共中央和中革军委领导人离开两河口北进。此后，连续翻越梦笔山等大雪山，于7月10日到达上芦花。在这里，一面筹备粮食，一面耐心等待张国焘执行两河口会议决定，率军北上，会攻松潘。

← 龙日坝

1935年6月红一军团先头部队奉命经草地绕出松潘以北，到达中壤口（今属红原县）时与阿坝敌军千余骑兵在龙日坝发生遭遇战，因饥疲交迫，且缺乏对骑兵作战经验，红军伤亡400余人，最后被迫南撤折向黑水。

↓ 梦笔山

↑ 红军在黑水筹粮时付给藏民的布币

← 红军途经黑水时走过的栈道

↓ 红军在黑水筹粮的荞麦地

芦花筹粮

这时已经是7月初，这一带的青稞麦已经带淡黄色，勉强可以收割了，为了解决粮食问题，我们只好割麦子煮熟吃，同已经回来的藏民研究，按当地的粮价，付给现款，或请他们转给那些尚未回来的藏民。于是全体指挥员、战斗员，除伤病员外，大家都参加割麦，除各单位自己食用外，还得供应担任勤务的部队。总部考虑到前面粮食更加困难，并命令各单位储粮秣十天，所以割麦成了当时的紧急任务。

每天早晨8时，各连队就集合，整队向能够收割的麦地出发，红军指战员一群一群地奔向指定地区，投入割麦的劳动。大家虽然腹内是一个半饱的状态，但都是兴致勃勃，歌声不断地响遍田野。

朱总司令也走过来同战士们一起割麦。他素来爱好劳动，在井冈山时期，他用那条“朱德的扁担”同战士们一起，从山下往山上挑粮食。现在虽然又添了几岁，但是仍不甘示弱，他把麦子割下以后，还从一二十里路的地方挑五六十斤回来。他的模范行动对大家影响极大，有些干部只挑回四五十斤，对比之下都感到不好意思。当时年纪最老的徐特立同志也来帮助弄麦子。因为等着下锅，所以有时麦子挑回来之后，大家用双手把麦穗简单地搓几下，就煮着吃。青稞麦不好消化，往往吃进去是麦子，拉出来还是麦子。

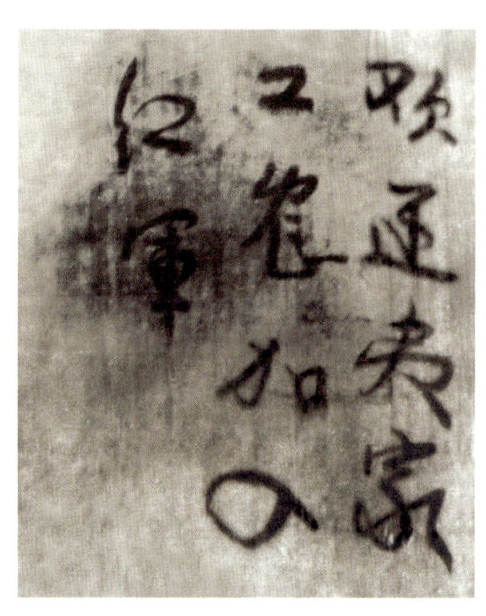

红军写在藏民家粮仓板壁上的标语：欢迎夷家工农加入红军

——成仿吾回忆芦花筹粮时的情景

三、北上与南下之争

张国焘虽然在两河口会议上表示赞成北上川陕甘的方针，同意打松潘，但实际上惧怕与胡宗南部队作战，仍然坚持其向川康边退却的主张。特别是他轻视经过长途远征的中央红军的战斗力，个人野心膨胀。

张国焘

聂荣臻回忆当时的情景说：两河口会议是张国焘野心暴露的起点。这时，经过万里之行的中央红军，军衣破破烂烂，五颜六色，在张国焘的眼里，远不如“他的”部队有战斗力。本来不管哪个方面军，都是中国工农红军，都是党的部队，谁有战斗力都是好事，可是张国焘他动了野心。四方面军的队伍比较充足，总共约有八万人。张国焘把这些都看成是他闹独立的资本。

为了实现其争权野心，张国焘暗中进行了一些活动。在没有奏效后，就向中央提出“速决统一指挥的组织问题”。中共中央为了团结张国焘和争取红四方面军与中央红军共同北上，一面坚决拒绝他的无理要求，对其错误始终采取党内斗争的正确方针，一方面对他在“组织问题”上的要求，委曲求全，尽量考虑。

陈昌浩

1935年7月18日，中共中央政治局常委会在芦花镇（今黑水县城）召开扩大会议。张国焘在讨论中提出要提拔新干部，有的可到军委，并要向中央委员会增补人员。毛泽东说，提拔干部是需要的，但不需要这么多人集中到军委，下面也需要人员。会议最后决定，张国焘任红军总政治委员，增补陈昌浩为中革军委常委。

芦花旧照

在初步解决组织问题之后，7月19日，中革军委制定《松潘战役第二步计划》，计划将中央红军和红四方面军混编为五个纵队和一个支队，继续北进，夺取松潘。7月21日，中革军委又发出《关于一、四方面军组织番号及干部任免的决定》，决定组织前敌总指挥部，以徐向前兼任总指挥，陈昌浩兼任政委，叶剑英任参谋长。中央红军第一、第三、第五、第九军团依次改为第一、第三、第五、第三十二军。红四方面军第四、第九、第三十、第三十一、第三十三军番号不变。

从7月21日至22日，中共中央政治局在芦花召

芦花会议会址

开扩大会议，集中讨论红四方面军的工作。会议肯定红四方面军的成绩，指出轻敌、分散兵力是第四次反“围剿”失败的主要原因；退出通南巴根据地后缺乏明确的发展方向。

在这种情况下，张国焘勉强执行中革军委为补救延误战机而发布的松潘战役第二步计划，率领红四方面军向毛儿盖地区集中。中共中央和中革军委的领导人在会议结束后，离开芦花，翻越仓德山和打鼓山，于7月28日到达毛儿盖。

红军长征翻越的仓德山

红军翻越过的打鼓大雪山

长征四老煮马皮

在翻越打鼓大雪山时，徐特立、林伯渠、董必武、谢觉哉结伴而行，中途在半山腰的中打鼓村休息时，大家分头去找野菜当干粮。林伯渠发现了一块剥下很久的烂马皮，他和警卫员把它拖回来时，大家非常高兴，说：“今天可以开荤啦！”捡柴、烧火去马毛等一通忙活后，割成一小块一小块的马皮在临时找来的瓦盆里煮起来了。煮着煮着，耐不得高温的瓦盆“咔叭”裂成了几块。马皮也掉在柴火堆里，灰糊糊撒了一地。几位老先生又好气，又好笑，徐特立说：“嗨！看来诸位真是没得口福，到了嘴边的‘肉’，竟不能入肚，惜哉，惜哉！”引得大家一阵笑。之后，几位老人捡起掉到灰里的马皮洗净，重新捡柴、找锅，又煮了起来。好久之后，马皮终于煮烂了。几位老先生已经很长时间没有尝到肉味了，虽然马皮已经带了点味，可是吃到嘴里，仍然是香喷喷的。吃了一会，林伯渠说：“我们不能吃了上餐不留下下餐，要把爬山的干粮留下来，啊？”于是，几位老人的干粮袋里装着几块煮熟的马皮，拄着木棍，精神抖擞地上路了。他们和战士们一道，踏着积雪，翻过了千里雪山的最后一座。

——时任总供给部部长林伯渠的相关传记

然而，由于张国焘故意延迟红四方面军主力的北上行动，国民党军正逐步紧缩对红军的包围，再加上国民党利用土司番兵阻止红军北进，红军粮草给养困难，进攻松潘丧失先机，中共中央和中革军委被迫放弃原定的松潘战役计划，决定经草地北上。8月3日，红军总部下发《夏洮战役计划》，并决定将红一、红四方面军混合编组成左、右两路军，穿越草地，北出夏河、洮河流域。

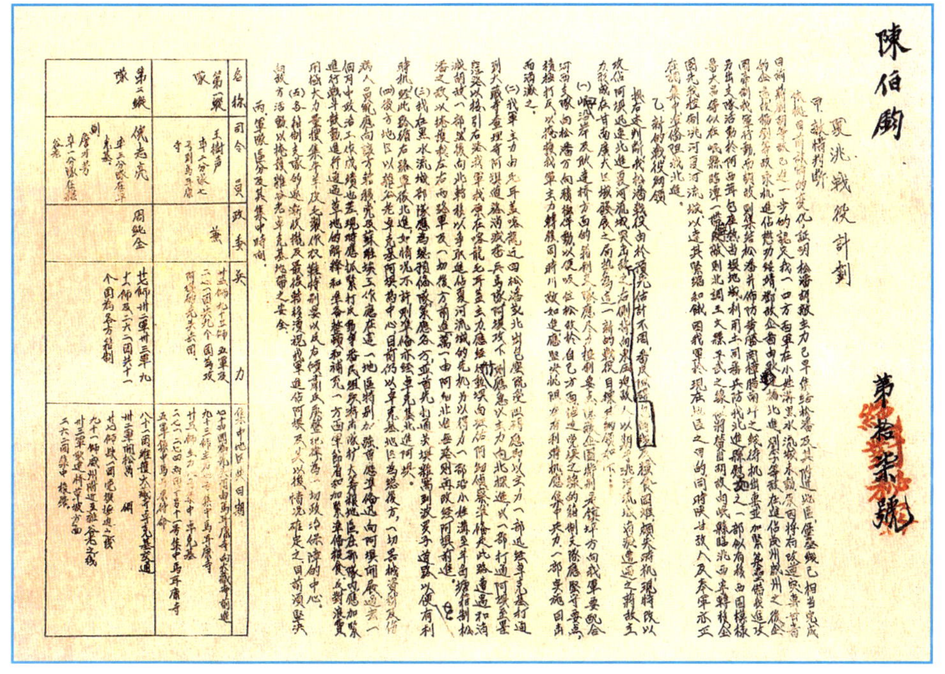

《夏洮战役计划》

《夏洮战役计划》制定后，部队开始做北上准备。但是，张国焘又节外生枝，要求中央召开政治局会议，解决“政治路线”问题。为了统一认识，毛泽东、张闻天等分别找张国焘、陈昌浩做工作。8月4日至6日，中共中央政治局在四川松潘毛儿盖附近的沙窝寨子召开会议。会议通过《中央关于一、四方面军会合后的形势与任务的决议》，重申两河口会议创造川陕甘苏区的决定，强调红一、红四方面军团结的重要性，指出两个方面军的团结是创造苏区、建立中华苏维埃共和国的历史任务的必要条件。决议针对张国焘要求清算中央政治路线的问题，申明了遵义会议对这个问题所作的结论，即中央的政治总路线是正确的。

会议在进行第二项议程“组织问题”时，经过讨论，为了顾全大局，搞好团结，也作了一些让步，决定增补陈昌浩、周纯全为政治局委员，同时任命陈昌浩为红军总政治部主任，周纯全为红军总政治部副主任。会议还决定，恢复红一方面军番号，成立红一方面军总司令部，由周恩来兼任红一方面军总司令员兼政治委员。

另外，中共中央为了促使张国焘率部北上，决定派杨尚昆担任红军总政治部副主任，积极做好陈昌浩等人的工作。

↑ 沙窝会议会址

→ 松潘县下八寨乡俄灯寨——沙窝会议会址所在地

懋功会师后红一方面军序列表
（1935 年 6 月—8 月）

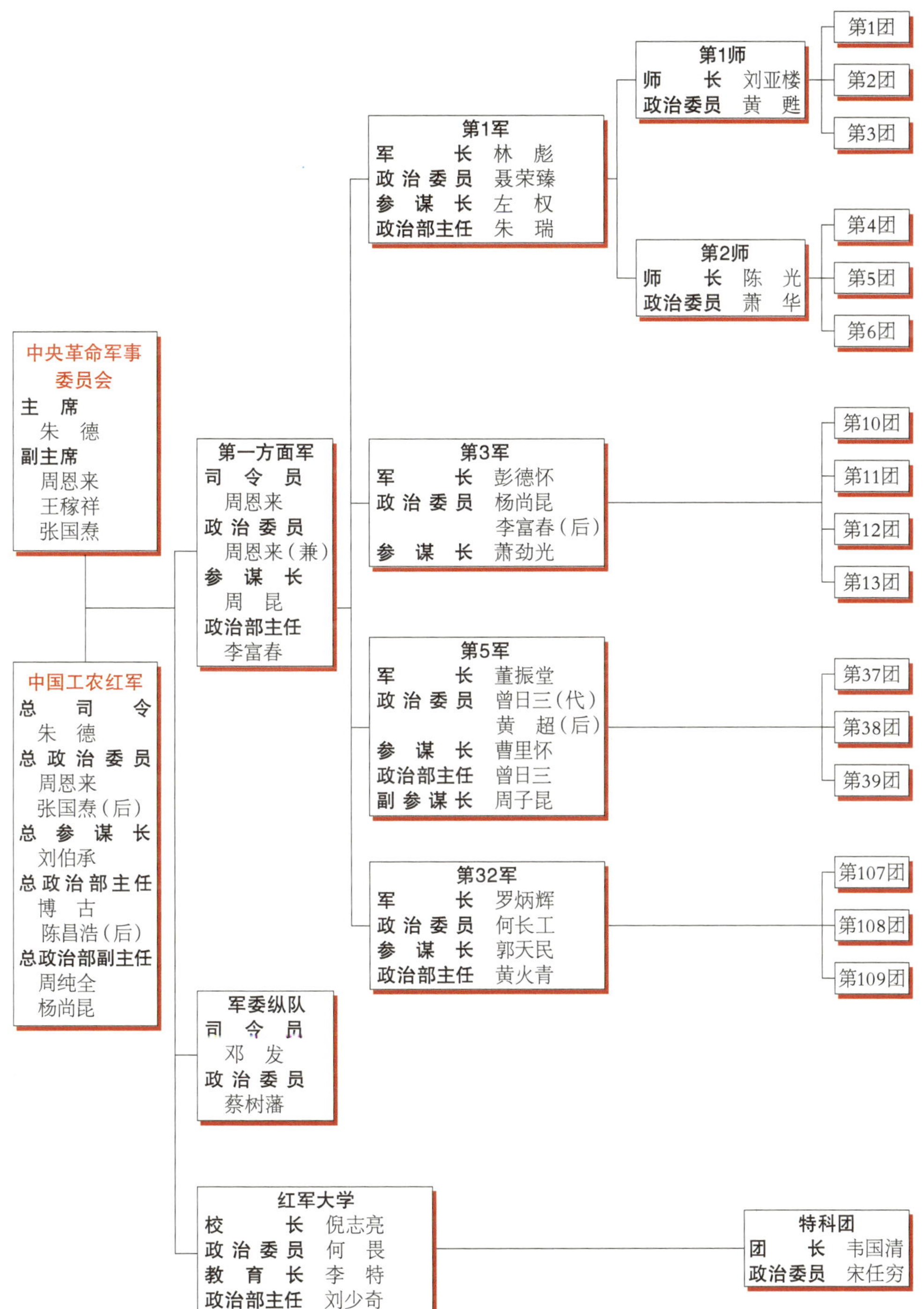

后来，杨尚昆回忆当时的情景说：

沙窝会议后，我被调离三军团，到陈昌浩为主任的总政治部去当副主任。临走前，毛主席对我说："你本来就是总政治部副主任，调你去，顺理成章；你和陈昌浩又是中山大学的同学，有点老关系。"在中山大学时，陈昌浩还是共青团员，我当支部局委员，他是团支部委员。毛主席还叮嘱说："你到那里，要强调一个'韧'字。""你要做拉不断、扯不折的'牛皮糖'，软不啦叽地富有韧性；切记不要当玻璃，一敲就碎，一碰就破裂，那样就不好工作啦！"几句话使我茅塞顿开。我向接替我职务的李富春同志交代了工作，便带着王稼祥任总政治部主任时的100多干部，到陈昌浩那里去报到，其中包括陆定一、李弼庭、徐梦秋等，秘书长是萧向荣。李弼庭在中山大学时和傅钟是同学……这时，红军实际上有两个政治部，一个是陈昌浩当主任的总政治部，一个是傅钟当主任的前敌政治部。两个政治部机构重叠，又住在一起，过草地也随右路军走在一起。只是陈昌浩不理我们，我这个"牛皮糖"就天天到陈昌浩那里去坐坐，一是了解一点动向，二是搞点烟抽。

8月19日，中共中央政治局在沙窝召开常委会议，研究常委的分工问题，同时讨论了对待张国焘错误的方针问题。会议决定，王稼祥负责政治部工作，张闻天负责组织部工作，博古负责宣传部工作，凯丰负责少数民族委员会工作，毛泽东负责军事问题，从此在党内分工上，毛泽东成为军事问题的最高负责人。会上，王稼祥提出要同张国焘作斗争的问题，毛泽东说，在毛儿盖时已经说过，斗争是需要的，在目前开展斗争是不适宜的。目前我们应采取教育的方式。写文章，不指名，不引证。可指定专人搜集材料，研究这个问题。

8月20日，中共中央政治局在毛儿盖召开扩大会议，着重讨论红军的行动方向问题。周恩来因病没有参会，朱德、张国焘、周纯全因随左路军行动而缺席。毛泽东在会议报告中，强调红军主力向东，向陕、甘边界发展，而不应向黄河以西。同一天，中央政治局通过毛泽东起草的《中央政治局关于目前战略方针之补充决定》，重申两河口确定的北上战略方针，要求红军各部迅速北上。

毛儿盖索花寨全景。1935年8月20日，中共中央在此召开政治局扩大会议。

据当时参与为周恩来治疗的李治大夫回忆：

他正躺在一张木板床上，呼吸很困难，神志也不清楚，由于高烧，还不时说胡话……我俯下身去，给周副主席作了仔细检查：他的体温达摄氏40度，并触摸到他肝肿大在肋下四横指。因此我断定周副主席患的是肝病，经随身带的显微镜化验，发现周副主席便中有阿米巴菌。为了确诊，我又让通讯员请来外科大夫王斌和我一道会诊，两人一致认为周副主席患的是阿米巴肝脓肿，且已严重发炎化脓肿胀……我们就把冰装在布袋里敷到周副主席肿胀的肝上，以降低周副主席的体温。大约经过十四五个小时的不断冷敷，周副主席才逐渐清醒过来。这时，他一边呻吟，一边喊肚子疼。邓大姐和我们医务人员等一起把他扶坐起来让他解大便，结果奇迹出现了：他排出来的都是绿色又腥又臭的脓状便，体温也随着下降到近35度。为了把周副主席体内的脓排尽，我又继续让他的体温保持在35度前后共约三天。这样，他的肠子基本停止了蠕动，体内脓液就随着大便大部排净，然后再让他的体温慢慢地回升起来。由于治疗及时，排出了周恩来体内的半盆多脓水，病情就逐步好转了。

四、穿过草地

毛儿盖会议后，徐向前、陈昌浩下令右路军出动，兵分两路，向北进发。中共中央和中革军委随右路军行动。英勇的红军踏上了征服大草地的艰难征程。

从毛儿盖到班佑，要经过数百公里的茫茫水草地。川西北草原，历史上一直为松潘所辖，故有松潘草地之称。它位于青藏高原与四川盆地的连接地段，纵横几百公里，远远望去，像一片灰绿色

红军走过的水草地

的海洋，茫茫无际。人畜在草地上行走，须脚踏草丛根部，沿草甸前进。否则，稍有不慎，就会陷入泥潭。一旦陷入，如无人救助，则越陷越深，难以自拔，甚至遭灭顶之灾。草地水质恶劣，不仅无法饮用，而且稍有不慎，刺破皮肤，泡水后即红肿溃烂，难以医治。草地的气候极为恶劣，昼夜温差大，时而晴天时而冰雹，变幻无常。

← 红军过草地经过的麦朵岗

↓ 泥潭救战友（作者：邓超华）

时任中央工作团团长的董必武回忆：我们初听这个草地名字，以为不过是人烟很少，草木郁密的地方。谁知草地真是草地，在地上看不见泥土，只看见草和水，不但没有人烟，简直没有人迹，所以也没有路，没有树木。山上的树木也少，间或在绿茸茸的丛草间看得见这里一堆、那里一堆的黝黑的牛粪。草在水中，确是长得茂盛……草是一丛一丛的长在水中，这一丛与另一丛中间，就是很深的水。丛草在水中枯了死了腐了，就在这腐草上面生长起新的草丛来。茂密的青草下面，是重重叠叠的腐草，浸在水里，不知经过了若干年月。所以走在丛草上，脚底下是软软的，但也有点滑，走时若不小心，一踏虚了脚，即没有踏在丛草上面，陷入丛草间隙中，要很费力才爬得起来，马竟有爬不起来的呢！山边也看不见泥土，也是重重叠叠腐草上生出的青草，走在上面活活动动，脚板觉得舒服。山上偶然有几片树林。我们宿营能找得着一片树林，那已是喜之不尽了。

中共中央和中革军委极为重视征服草地的准备工作。8月18日，右路军先头部队三个团在前敌总指挥部参谋长叶剑英和红三十军军长程世才的率领下，从毛儿盖出发，进军草地。21日，红一军军长林彪率领红一军第二师从毛儿盖地区出发，向班佑出发。红四团作为先头团，在前面开路。22日，中共中央领导人张闻天、毛泽东、博古等人，与前敌总指挥部随红三十、红四军北进。23日拂晓，红一军主力北上；军委纵队、红三军、红军大学随后跟进。

草地行军（作者：黄镇）

峥嵘岁月（作者：林岗、庞涛）

茫茫草地，无路可走。红四团依靠藏族向导的指引，在水草深处寻找出一条曲折的小路来。但是，由于雨水不断，淹没了先头部队设置的路标和部队行军的路线。有的红军战士行走不慎，身陷泥潭，根本来不及抢救。茫茫草地上，缺乏判定方向的参照物，常常使人难以辨别方向，以至于有时艰难地行进了半天，才发觉仍旧回到了原地。

过草地时最大的威胁是饥饿。出发时，大家带的是青稞面、炒黑豆。经过雨淋水浇，成了面团，变硬变味，非常难吃。有的粮食袋掉进有毒的污泥水里，吃不得了。断粮时，大家只好吃野菜、草根。出草地的前一两天，实在没有东西吃了，许多同志眼看要被饥饿折磨死去。彭德怀忍痛下令把包括自己的那头骡子在内的几口牲口，枪杀了，挽救了一些同志的生命。当时，一些比较健壮的红军指战员过草地时得了胃病，经常疼痛，直到后来到了陕北，经过七八年的治疗、调养，才慢慢好起来。

——时任中央纵队干部团上干队队长萧劲光的相关回忆

草叶代烟（作者：黄镇）

背干粮过草地（作者：黄镇）

一袋干粮的故事

↗ 红军在长征途中吃过的野菜标本：车前草

→ 红军在长征途中吃过的野菜标本：人参果

↓ 一袋干粮（作者：白仁海）

一天，红军指战员们正在没膝的水草中走着，忽然听到前面有孩子的哭声。走到近前一看，原来是一个面黄肌瘦的妇女，带着两个孩子坐在路旁，哭声是那妇女怀里的孩子发出来的。人们都在这里停了停，有的抓出一把炒麦递给了那个妇女，有的摸摸已干瘪了的粮袋含着眼泪走开了……部队又继续前进，但行列里却看不到谢益先了。大家正在着急，他从后边赶上来了。从那之后，谢益先便有了不寻常的变化：以前，一到宿营地，他就忙着帮大家弄水，拾柴，烧水；现在呢，只要放下背包，他就一人走开，等大家吃完东西，他才露面。后来才知道他有意避开大家，去找野菜吃；遇到没有野菜的地方，就干脆喝点凉水了事。劝他吃点粮食，他就说："日子长着呢，能省就节省点。"就这样，谢益先的身体越来越不顶事，即便就是这样，他的工作仍丝毫没有松懈。终于有一天他支持不住了。就在路上休息的时候，他躺在地上再也起不来了。大约是在走出草地的那天吧，大家又看到了那个妇女。她带着两个孩子站在路边正东张西望，向大家打招呼。大家这才知道，谢益先把自己的一袋干粮送给了她们。

——谢益先的战友刘文章的相关回忆

草地的8月，白天最高温度可达摄氏30度，但到夜间，气温可骤降到0度左右。为了抵御草地的严寒，战士们穿戴起各色各样的衣服鞋帽。

在草地上每天饿着肚子行军，到了晚上

↑ 红军战士过草地时穿过的棕背心
← 红军自制的草鞋
↓ 草地宿营（作者：黄镇）

能找到一个干燥舒适地方睡一觉，是每个人最大的希望和恢复疲劳的好机会。可是，水草地多是水深没膝盖，或泥浆很深，或双脚踩下去能冒出水来的潮湿地。另外，草地晚上多大雨，很多红军指战员没有雨伞、雨衣等，只能硬着头皮顶着，或几个人顶着一床被子，或把一件衣服当雨衣，而衣服淋湿后，也没有干燥的衣服替换，只有受冷挨饿。再加上肚子饥饿，各连队都有不少人轻病冻饿成重病，甚至牺牲在草地上。

毛泽东痛失警卫员

1934年毛泽东与警卫员在瑞金，左二起：吴光荣、陈昌奉、戴天福

毛泽东的警卫员戴天福进入草地后不久，在过大渡河时染上的疟疾又复发了。他在临终前，委托卫生员钟福昌带给毛泽东一个纸包，里面包着发给重病号的一块马肉。钟福昌擦着眼泪对毛泽东说："戴天福同志临死的时候，让我把这块马肉，一定要交给毛主席！他说，他没有什么牵挂的，只盼望革命成功。请您多多保重身体。还让我转告吴吉清、黄亚堂、王七九以及警卫班的其他同志好好照顾您！"与戴天福朝夕相处的战友们都哭了，毛泽东也为之动容，陷入深深的悲痛之中。

在此之前，毛泽东已经经历过类似的悲痛了。那是1935年6月，中央红军翻越四川二郎山附近的甘竹岭。部队在半山腰休整时，天空中突然出现了几架敌机，几十颗炸弹从天而降。其中一枚炸弹落在了离毛泽东很近的地方，就在千钧一发之际，警卫班长胡长保猛然扑上前，用力将毛泽东推向一边。只听"轰"的一声巨响，炸弹爆炸掀起了数丈高的烟尘，毛泽东安然无恙，胡长保却倒在路边。毛泽东急忙走过去蹲下，双手抱着他，轻轻地唤着："小胡，长保同志……胡长保同志！"胡长保慢慢睁开双眼，当得知毛泽东安然无恙后，脸上露出了放心的笑容。听到毛泽东要给他上药时，他摆摆手说："主席，我不行了……药非常珍贵，还是……把它留下，给同志们用吧！……您要……多多保重！……我不能，跟着您……胜利到达目的地了！"他慢慢转过头来，看着警卫班里的同志们都眼泪汪汪的，便很吃力地说："同志们，不要难过……我不能继续跟随主席了，你们要好好保卫毛主席啊！"然后，他目不转睛地望着主席，用尽最后的力气充满信心地说："祝——革——命——成——功！"

——时任毛泽东的警卫陈昌奉、吴吉清的相关回忆

九个炊事员的故事

为了保证食物与热水的供应，即使在异常艰难的雪山草地行军中，炊事员们仍必须背负铁锅和食物，因而伤亡也较多。红三军某连的炊事班长，在进入草地的第二天，就向上级领导提议：给指战员们烧点热水烫烫脚。领导觉得草地行军炊事员比战士更辛苦。担米做饭已经够受的了，怎能再加重负担呢?领导没有同意。可是一到营地，炊事员就已经把洗脚水烧好了。为使全连同志有热水饮用和烫脚用，炊事员轮流挑着沉重的铜锅。后来情况越来严重。一个炊事员挑着铜锅忽然身子一歪倒下去，一声不响就牺牲了。第二个炊事员跑过去，脸上挂着眼泪，拾起铜锅又挑起走。部队停下休息，炊事班赶忙找地方支起锅，汤烧开了，刚才挑铜锅的炊事员端碗往战士手里送。他刚把汤送给战士，便一头栽倒在地上，停止了呼吸。……为了保证炊事工作，连长要从战斗班抽人补充炊事班，炊事员们知道后，坚决不同意。第二天，铜锅又被另一个炊事员挑着前进。每天宿营，部队还是照常有开水和洗脚水。部队到达陕北的时候，那口铜锅担在了司务长的肩上。长征路上九个炊事员全牺牲了。可是，在最艰苦的长征中，这个连的战士，除了战斗减员以外，没有因饥饿而牺牲一个人。

——时任红一方面军第三军团某连司务长谢方祠的相关回忆

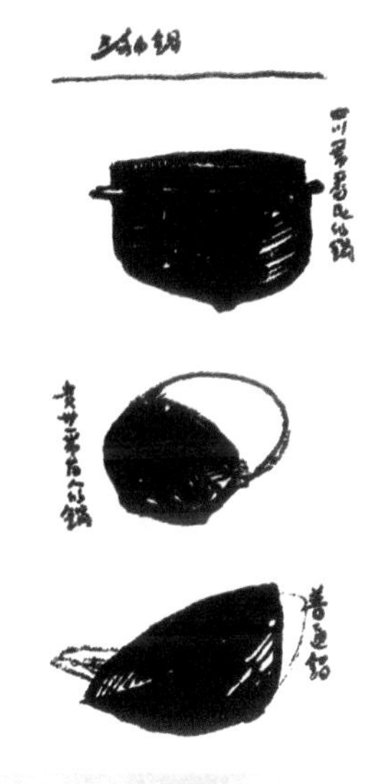
三种锅（作者：黄镇）

红军炊事员（作者：稽信群）

在艰苦的行军中，无论是干部还是战士，无论年老年少，都以坚韧不拔的毅力、团结互助的友爱和乐观主义的精神，同困难作着顽强的搏斗。素有党内“四老”之称的林伯渠、董必武、徐特立、谢觉哉等老战士，也是如此。他们将马让给生病的红军战士，自己徒步行军，热心帮助别的同志。

林伯渠在长征时用的马灯

深夜行军的老英雄——林伯渠（作者：黄镇）

长征时毛泽东的警卫吴吉清回忆草地行军时的情景说：

有一次深夜里，风雨刚停，一堆堆篝火又燃起来了。向远处望去，红光点点，连成一片，大有星火燎原之势。我们几个警卫员坐在草滩上的火堆旁，有的烘衣服，有的沉思，有的低语讲故事。这时，忽而远处传来了深沉浑厚的歌声：

起来！饥寒交迫的奴隶，

起来！全世界受苦的人！

满腔的热血已经沸腾，

要为真理而斗争！

……

红军不怕远征难（作者：董希文）

这是最后的斗争，

团结起来，

到明天，

英特纳雄耐尔就一定要实现！

在这风雨饥寒的草原上，这悲壮有力的无产阶级战斗的歌声，是多么震撼人心啊！于是，由远而近，篝火旁的战士、干部也跟着唱起来。听到歌声，主席也从那用被单支起来的穿风漏雨的“帐篷”里走出来，望着篝火连营的草原，听着彼伏此起的《国际歌》声，他那高大的身影在夜色朦胧之中伫立了许久，才又回到“帐篷”里忙工作。我的思潮翻滚起来，忘记了饥寒，忘记了疲劳，再也没有一点睡意了。心想，是啊，我们的热血已经沸腾，一定要为共产主义而奋斗！

曙光在前

1935年8月底，红军过草地时，由于草地海拔高、气候恶劣，加之装备简陋，许多战士因饥饿、疾病而掉队。8月28日，红三军主力走出草地到达阿西牙弄一带休整，彭德怀命令红三军十一团政委王平率一个营的兵力，带着刚刚筹集到的粮食返回草地，接应滞留在班佑河那边的红军战士。王平率队走到班佑河边，用望远镜观察，见对岸至少有七八百人，背靠背坐着，一动不动。过河后才发现，他们都牺牲了。这是长征过草地时有史料记载牺牲人数最多的一次。王平回忆说：“他们带走的是伤病和饥饿，留下的却是曙光和胜利。”为纪念这一事件，2011年9月28日，“胜利曙光”雕塑在若尔盖县班佑乡班佑村建成。

班佑河，数百名红军牺牲在这里

雕塑《胜利曙光》

经过六七天的艰苦跋涉，战胜难以想象的困难，右路军终于先后走出了草地，到达班佑。随后，中央领导机关进驻阿西，前敌总指挥部进驻巴西。

班佑第一村

红军经过草地北上，出乎敌人的预料。8月26日，胡宗南发现红军北上，即令其第四十九师于8月27日由漳腊向包座疾进，企图会同其已控制包座地区的一个团，在上下包座至阿西茸一线堵截红军北上。

上包座位于四川省松潘县北部，是进入甘南的必经之地，也是胡宗南补给线上的一个重要地点。右路军到达班佑、巴西地区后，为开辟前进道路，决定歼灭当面之敌，夺取上包座。8月29日，右路军第三十军和第四军越过草地后,向川西北松潘包座地区的国民党守军发动进攻。经过三天激战，歼灭敌军4800余人，缴获枪1500多支。这次战斗是红一、红四方面军会师后，在党中央直接领导下取得的一个大胜利，打开了红军北上甘南的门户，为实现中共中央北上战略方针创造了有利条件。

包座战斗遗址

包座战役后红军在若尔盖包座地区俄若塘召开庆功会场遗址

五、中共中央先行北上

1935年8月底，右路军穿过茫茫草地到达班佑、巴西一带，等待与左路军会合，共同北上。但张国焘率左路军到达阿坝后，坚持左路军以阿坝为后方，出夏河、洮河地区，左右两路分兵北进的主张，按兵不动。为催促张国焘迅速北进，并向右路军靠拢，8月24日，中央政治局在草地致电张国焘，通报毛儿盖会议《关于目前战略方针之补充决定》的主要精神。在中共中央一再电示和徐向前、陈昌浩的劝告之下，张国焘才开始令左路军向班佑行动。但是，当他率左路军东进到噶曲河后，借口河水上涨，命令所部停止前进，拒绝执行中共中央要左路军迅速出班佑向右路军靠拢，全力向洮河以东发展的决定，再次主张南下。

中共中央和前敌总指挥部领导人面对这突如其来的变化，非常焦虑。此时，前敌总指挥部已命令红一军向俄界地区探路前进。为不失良机，中共中央一方面部署早日北进，一方面毛泽东、张闻天、周恩来等多次同陈昌浩谈话，希望找出妥善的解决办法。徐向前和陈昌浩致电张国焘，劝说张国焘执行中央的决定。张国焘接电后，仍坚持南下主张，并开始调动军队。

面对日益严重的局面，9月8日晚，中共中央领导人张闻天、毛泽东、博古、王稼祥在周恩来的住处召开会议，通知徐向前、陈昌浩参加。会议一致同意，向左路军领导人发电，陈述南下对前途极端不利，左右两路军一道北上。22时，电文以与会七人的名义发出。

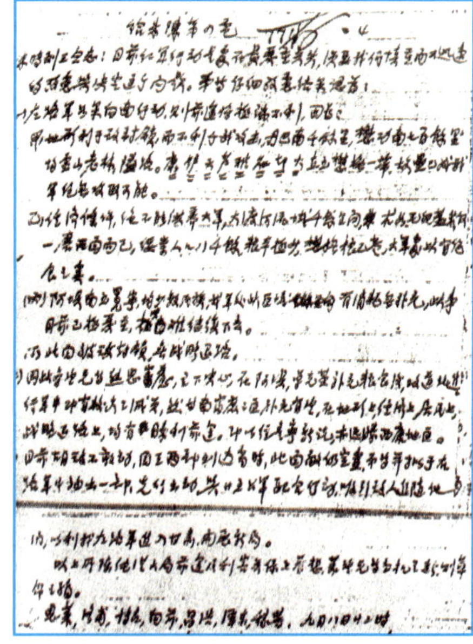

1935年9月8日22时的电文

与此同时，即9月8日22时，张国焘以朱德、张国焘的名义致电徐向前、陈昌浩："一、三军暂停留向罗达进，右路军即准备南下，立即解（决）南下的问题，右路皮衣已备否。即复"。要右路军准备南下。接到这封电报后，陈昌浩改变了态度，同意南下。徐向前不愿把红四方面军的部队分开，也只好表示南下。陈昌浩去中央驻地反映这一意见，受到中央领导人的批评。

9月9日，中共中央致电张国焘并致徐向前、陈昌浩，指出：陈谈右路军南下电令，中央认为是完全不适宜的。中央现恳切的指出，目前方针只有向北是出路，向南则敌情、地形、居民、给养都对我极端不利，将要使红军受空前未有之困难环境。中央认为：北上方针绝对不应改变，左路军应速即北上，在东出不利时，可以西渡黄河占领甘、青交通新地区，再行向东发展。

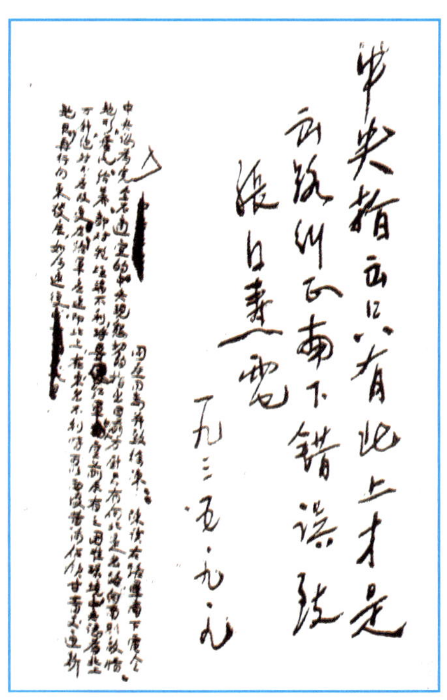

中央指示只有北上才是
正确的南下错误的
张国焘电
一九三五.九.九

1935年9月9日，中共中央关于北上方针绝对不应改变，左路军应速即北上致张国焘电

对于中共中央的一再电示和劝告，张国焘竟置若罔闻，一意孤行。9月9日，他致电陈昌浩，令其率右路军南下。据毛泽东在1937年3月中共中央政治局扩大会议上说，他从叶剑英的报告中得知了这一电报的内容，“这电报上说：‘南下，彻底开展党内斗争’”。

为贯彻北上方针，避免红军内部可能发生的冲突，当晚，毛泽东、张闻天、博古三人赶到红三军驻地阿西，与在此养病的周恩来、王稼祥举行紧急磋商，决定连夜率红三军和军委纵队先行北上。

巴西会议会址

叶剑英

此时，张国焘于9月9日24时再次致电徐向前、陈昌浩并转中央，坚持其南下主张。

9月10日凌晨，中共中央率红三军和红军大学离开巴西、阿西等地，向俄界进发。同时，叶剑英也以“打粮准备南下”的名义，带走了军委纵队，并带走了一份十万分之一的甘肃省地图。

張國燾為改變北上正確路綫而南下再致中央電
一九三五.九.九

1935年9月9日24时，张国焘为改变北上战略方针坚持南下再致中央电

当天早晨，徐向前和陈昌浩得知了中央率红一方面军部队单独北进的消息，随后，陈昌浩派人送信给彭德怀，要他停止北进，回头南下，遭到彭德怀的拒绝。陈昌浩还派李特带一队骑兵追赶中央，“劝说”中央领导人率军南下，遭到毛泽东的严厉批评和拒绝。李特带回了红军大学中大部分红四方面军的人员。

亲历这一历史的伍修权后来这样回忆说：

一天早晨，毛泽东同志和叶剑英、彭德怀、杨尚昆等同志一起商量继续北上，我也在场。正谈话时，四方面军的副参谋长李特骑马赶来了。他大喊：“原来四方面军的同志，回头，停止前进！”“不要跟机会主义者北上，南下吃大米去！”毛主席劝阻他，他就同毛主席吵架。毛主席很冷静，让他到旁边的一座教堂里去坐下来谈。李特说，你们这是退却逃跑的机会主义。毛主席还是规劝、开导他，说北上的方针是中央政治局决定的。但是李特就是不听，强拉原四方面军的同志跟他走。最后毛主席说，你们实在要南下也可以，相信以后总有重新会合的机会。毛主席又到外头对部队说：“我们都是红军，都是共产党，都是一家人，一家人不打一家人嘛！现在愿意北上的跟党中央走，愿意跟张国焘的可以回去。以后我们还会在一起的！”当时有的同志对李特的行为很生气。毛主席还说：“捆绑不成夫妻。他们要走，让他们走吧！以后他们自己会回来的。”这样就同四方面军分道扬镳了。由四方面军补入三军团的人，有不少被他们“动员”回去了。

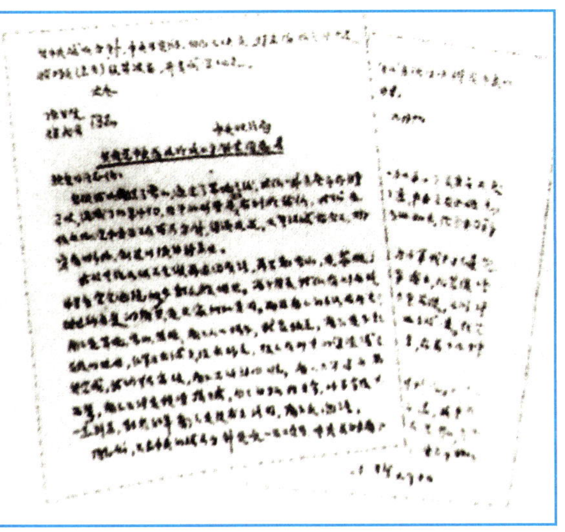

1935年9月10日，中共中央反对张国焘南下方针、主张北上的部分电文

中共中央率红三军等部于9月10日当天到达拉界。

同一天，中共中央还发布了《为执行北上方针告同志书》，指出：目前形势完全有利于我们，无论如何不应该再退回原路。

9月11日，中共中央率红三军、军委纵队等部继续北进，于当晚陆续到达甘南的俄界，与先期到达的红一军会合。当天，中共中央再次致电张国焘，令其立即率左路军北上，向班佑、巴西开进，不得违误。

张国焘再次拒绝了中央的命令。9月12日，他致电指责中央。同日，他还致电林彪、聂荣臻、彭德怀、李富春，诱令红一、红三军南下。张国焘在反对中央北上战略方针，分裂党和红军的道路上越走越远了。

1935年9月12日，中共中央在甘肃省迭部县俄界（今高吉）召开政治局扩大会议。会议通过了《关于张国焘同志的错误的决定》。《决定》指出：张国焘与中央争论的实质是对目前政治形势与敌我力量对比估计上有着原则的分歧。决定揭露了张国焘分裂党、分裂红军的严重错误，并提出，必须采取一切具

中央为贯彻战略方针再致张国焘令其即行北上电

（一九三五年九月十一日）

国焘同志：

一、中央为贯彻自己的战略方针，再一次指令张总政委立刻率左路军向班佑巴西開進不得違誤。

二、中央已决定右路軍統歸軍委副主席周恩来同志指揮 並已令一三軍在羅達拉界集中。

三、左路立即答复左路軍北上具体部署。

中央 十一日

1935年9月11日，中共中央电令张国焘北上的电文

体办法去纠正张国焘的错误，并号召红四方面军中全体忠实于共产党的同志团结在党中央的周围，同张国焘的错误倾向作坚决的斗争，以巩固党与红军。

会上，也有人提出开除张国焘的党籍。但是，毛泽东认为，正确处理张国焘分裂党、分裂红军的问题，关系到全党全军团结统一的大局。因此，中共中央在同张国焘错误的斗争中，始终坚持党内斗争的正确原则，采取了“特殊的和忍耐的方针”。只要张国焘赞同和执行中共中央北上战略方针，其他问题都

俄界会议旧址

关於張国燾同志的
錯誤的决定

俄界会议通过的《关于张国焘同志的错误的决定》

可以让步。毛泽东说：这不是张国焘一人的问题。要看到红四方面军广大指战员，开除了他的党籍以后就不好见面了，要给张国焘发电报叫他北上，要采取各种方式做工作，我想他会来的。

俄界会议后，中共中央率部队迅速北上。9月14日，中共中央再次致电张国焘、徐向前、陈昌浩，要求其为了中国革命的利益，立即取消南下的决心及命令，服从中央电令，具体部署左路军与四军、三十军之继续北进。

但是，张国焘再一次拒绝中央的劝告，还是率部队南下了。毛泽东多次说过，南下是绝路。后来的事实证明了这一判断的正确性。

第八章

胜利抵达陕北

俄界会议后，中共中央率领红一方面军主力继续北上，一举突破天险腊子口，越过岷山，进占哈达铺，获悉陕甘地区有革命根据地和红军部队，毛泽东提出到陕北去，北上红军正式整编为中国工农红军陕甘支队。榜罗镇会议正式决定迅速同陕甘红军会合，在陕北保卫和扩大根据地。随后翻越六盘山，突破国民党军的沿途封锁，抵达陕甘革命根据地吴起镇，胜利结束二万五千里长征。

一、突破天险腊子口

俄界会议后，红一方面军主力按照会议决定，于9月13日顶风冒雪，从俄界、罗达地区出发，继续北上，向甘南腊子口前进。

从俄界到腊子口，要经过藏族聚居区和原始森林区。由于藏族上层反动分子的造谣和威胁，早在红军到来之前，不少人就藏匿粮食，赶着牛羊，逃离村庄，躲进了树木蔽日的山林。藏族上层分子还唆使一些不明真相的藏兵和居民，隐藏在栈道和隘路两旁的丛林中，以枪弹、弓弩和石块袭击红军，企图迟滞和阻止红军前进。他们武器落后，战斗力不强，但熟悉地形，善于攀缘，又是躲在暗处放冷枪，红军很难提防他们的袭击，几乎每天都要失去几十名战士。

原始森林地带也给红军的行军造成很大困难。这些地区峰峦起伏，森林茂密，道路崎岖，行军十分困难。9月13日，红三军和军委纵队从俄界启程到瓦藏寺，仅百十里路，竟然整整走了两天。16日，他们由崔古仓向腊子口前进，路过一片原始森林时，忽然浓云遮盖，暴雨如注，入夜后更是漆黑一团，人马咫尺亦不能辨认，结果部队迷失了方向，只好在森林的泥水里一直坐到天亮。

← 红军经过的迭部仙人桥

↓ 陕甘支队北上时走过的甘南白龙江栈道

时任工兵连连长王耀南回忆说：这些“栈道”，像飘带一样缠绕在白龙江岸边的陡峭崖壁上。栈道没有真正的路基，只是在悬崖上凿一个半尺见方、二尺来深的石孔，再把一丈长短的木桩打进去，然后铺上木板，供人员攀扶通过。栈道上面是高一二百米的悬崖绝壁，有些地方的岸壁像要倒扣下来似的。栈道下面是奔腾咆哮的白龙江，有的地方离水面五六丈高，有的地方又紧贴水面穿过。这里属高原气候，时晴时雨，大雨一来，河水暴涨，巨浪翻滚，飞沫四溅，发出轰隆轰隆的吼声，真像一条发了怒的白龙。

国民党反动派为了阻拦我军前进，在红军到达之前，已经唆使少数藏民把栈道破坏了。木板几乎全部拆掉，木桩也所剩无几，根本无法通过，部队被迫停了下来。白龙江两侧全是海拔三四千米的高山，这条栈道是通向腊子口的必经之路。为此，总部首长命令我们工兵连，尽快修复栈道，保障部队北上。

周士第游过栈道

根据时任上干队队长周士第的相关回忆：1935年9月，红一方面军长征走过甘南白龙江栈道。这条栈道是沿着陡峭的山边铺的木板路，下面是湍急的水流。栈道已被敌人分段破坏。再加上敌人在山上滚石头，放冷枪，走路时得格外小心。上干队的周士第一不小心掉下去了。栈道上其他人没有办法营救他。幸亏周士第会游泳，在刺骨的江水中游了几里路，后来抓住岸边的石头爬上了岸，遇到自己的同志才缓过劲来。这个插曲成了后来大家休息谈笑的中心题目。

徐特立说：“你今天跌到白龙江里，大家真想救你，可是有什么办法呢？只得看着你随波而去。我们心里难过极了，但是，爱莫能助！后来，看见你爬上了岸，心里又都转为高兴。由栈道上跌下去能够生还的，恐怕你是第一个！”宋时轮说：“你今天参加了一次国际游泳比赛，得了第一。这个第一，是没人同你争的，再来一次，还是你的第一。今天你还打破了三个世界纪录：一个是跳板跳得最高；再一个是人家游泳用两只手，你是用一只手；第三个是人家游泳只穿一条裤衩，你是带着全身‘宝贝’（他指的是我穿着大衣、衣服、草鞋，还带着雨伞、水壶、干粮袋）。”大家都笑起来。李一氓抢着说：“他是想回老家（指海南岛），由栈道动身，入长江，出东海，经南海，就到了。这条水路确实很便利，还节省了公家的路费。”大家的肚子都笑疼了。罗贵波说：“人家都是走过栈道，你是游过栈道。栈道那么高，没有把你跌死，水那么急，没有把你淹死，我看，以后雷公也打不死你了！”

腊子口位于甘肃迭部县境东北的岷山山口，是四川通往甘肃的重要隘口，素有天险之称。隘口两边是悬崖峭壁，只有30多米宽，中间是水深流急的腊子河，河上架有一座木桥，桥头筑有碉堡，这是进入腊子口的唯一通道。如果红军拿不下腊子口，就要被迫掉头南下，重走雪山草地；或改道西进，绕道青海，路途茫茫；或改道东进四川，取道汉中，进入国民党军重兵布好的口袋。敌人在这里布置了两个营的兵力，从山口往里，直到岷县，纵深配置三个团的兵力，据险凭守，严密封锁红军北上的去路。

腊子口

夺取腊子口，是突破敌人封锁，进入甘南的关键性一仗。9月16日，毛泽东等决定以先头部队第一军第四团迅速夺取腊子口，为红军北上打开一条通路。第四团受命后，一路兼程，至下午4时，先头营开始在腊子口接敌，但被敌人的机枪火力和下冰雹式的手榴弹挡了回来。

这时，团长黄开湘、政委杨成武赶到。他们立即率领全团营、连干部，到前面察看地形，调整部署，重新组织战斗。

后来，杨成武回忆说：

我们来到前沿，用望远镜抬头一看，果然这里地形险峻极了。沿沟两边的山头，仿佛是一座大山被一把巨型的大刀劈开了似的，既高又陡。周围全是崇山峻岭，无路可通。从下往上斜视山口只有30来米宽，又像是一道用厚厚的石壁构成的长廊。两边绝壁峭立，腊子河从沟底流出，水流湍急，浪花激荡，汇成飞速转动的旋涡，水深虽不没顶，但不能徒涉。在腊子口前沿，两山之间横架一座东西走向的木桥，把两边绝壁连接起来，要经过腊子口，除了通过这个小桥别无它路。桥东头顶端丈把高的悬崖上筑着好几个碉堡,据俘虏称,这个工事里有一个机枪排防守,四挺重机枪对着我们进攻必须经过的三四十米宽、100米长的一小片开阔地，因为视距很近，可以清楚地看到射口里的枪管。这个重兵把守的碉堡，成了我们前进的拦路虎。石堡下面，还筑有工事，与石堡互为依托。透过两山之间30米的空间，可以看到口子后面是一个三角形的谷地，山坡上筑有不少的工事。就在这两处方圆不过几百米的复杂地形上，敌人有两营之众，此外还有白天被我们击溃逃到这里的敌人。

口子后面的腊子山，横空出世，山顶积着一层白雪，山脉纵横。据确切的情报，鲁大昌以一个旅部率三个团的重兵，扼守着口子至后面高山之间的峡谷，组成交叉火力网，严密封锁着我们的去路。

经过反复缜密的侦察，和我一营攻击时敌人暴露的火力,我们发现敌人有两个弱点：一是敌人的炮楼没有顶盖,二是口子上敌人的兵力集中在正面,凭借沟口天险进行防御,两侧因为都是耸入云霄的高山,敌人设防薄弱,山顶上没有发现敌人。

我们又把望远镜对向敌人石堡旁边的悬崖峭壁：

这一面石壁，从山脚到顶端，约有七八十公尺高，几乎成仰角八九十度，山顶端倒是圆的，而石壁既直又陡，连猴子也难爬上去，石缝里零零星星地歪出几株弯弯扭扭的古松。敌人似乎没有设防，可能因为它太陡太险。团长和我边观察边研究，觉得倘若能组织一支迂回部队从这里翻越上去，就能居高临下地用手榴弹轰击敌人的碉堡，配合正面进攻，还可以向东出击，压向口子那边的三角地带。可这面绝壁看着叫人眼晕，如何上得去?

……哪知,一个贵州入伍的苗族小战士来了个“毛遂自荐”,说他能爬上去。大家都惊奇地望着他。当然，只要有一个人能上去，就可以上去一个连，一个营。可是，他怎么能爬得上去呢?

红四团把希望寄托在这个苗族小战士的身上，决心做一次大胆的试验。天将黄昏时，他们做好了翻山迂回和正面强攻的两面出击的准备工作。天刚擦黑，团长黄开湘率迂回部队过了腊子河，开始向绝壁上攀登。那个苗族小战士捷足先登爬了上去，将随身携带的长绳从上面放下来，后面的人一个一个顺着长绳爬了上去。与此同时，担任正面强攻的第六连选择20名战士组成突击队，从正面展开猛烈的进攻，以掩护迂回部队的行动，到凌晨3时，涉水过河占了桥的另一端。

突破天险腊子口（作者：刘蒙天）

担任迂回的第一连在毛振华率领下首先爬到山顶，天亮前，找到道路，发出进攻的信号弹。杨成武在山下看到后，命令立即向敌人发起总攻，负隅顽抗之敌在红军前后夹击下大部被歼。

腊子口之小桥，红军攻打腊子口时曾在此发生激烈战斗

杨成武后来回忆说：

晨曦中，总攻部队开始过河了，全团的轻、重机枪也一齐向隘口炮楼逃出来的敌人扫射。六连的同志更是威风，现在连步枪也不用射击了，一个个身背马枪，抡起雪亮的大刀，冲向独木桥，向敌人左砍右杀，只看到峡谷里刀光闪闪，鲜血四溅。没用多久，我们就抢占了独木桥，控制了隘口上的两个炮楼。我见初战获胜，便命令总攻部队分兵两路，沿着河的两岸向峡谷纵深扩大战果……

经过两小时的冲杀，我们突破了敌人设在口子后的三角地带的防御体系，夺下了一群炮楼，占领了几个敌人的预设阵地和几个堆满弹药、物质的仓库。全团一边作战一边就地补充弹药,随后向敌人发起了更加猛烈的进攻。

敌人退至峡谷后段的第二道险要阵地后，又集结兵力，扎下阵脚，顽固抵抗，企图等待援兵到来之后一齐向我反扑。被我迂回部队截断的一营敌人，这时也疯狂地向我侧射击，我立即命令第五连配合我崖顶的一、二连，消灭这股敌人。经过连续冲锋，我们把他们压到悬崖绝壁上，随后就缴了他们的枪。与此同时，我们还集中其余所有的兵力向敌人的第二道阵地冲击。在我炮火、机枪的猛烈射击下，经过我二营近一小时的连续冲锋，敌人终于全部溃败了。我们便全部占领了天险腊子口。

突破腊子口（作者：崔开玺）

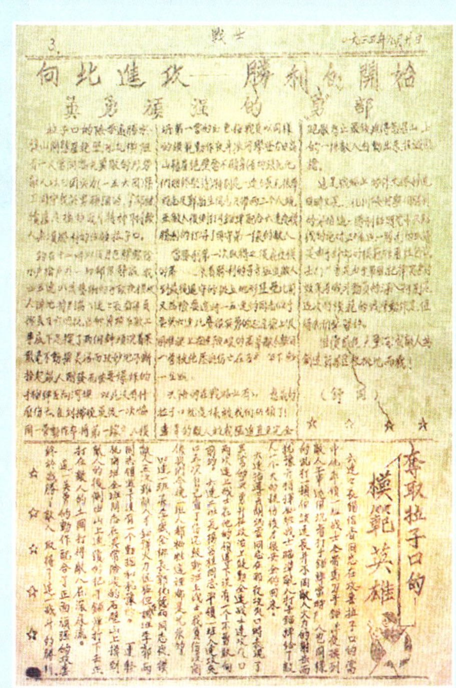

3　戰士

向北進攻——勝利的開始

英勇頑强的幹部

奪取拉子口的模範英雄

1935年9月20日，红一军团的《战士》报在《向北进攻——胜利的开始》和《夺取拉子口的模范英雄》两文中，报道了毛振华等战士在腊子口战斗中的英勇事迹

占领天险腊子口意义重大。这是长征途中的一次硬仗和出奇制胜的战斗，打出了红军的威风，显示了红军战士智勇双全，不怕苦、不怕死的硬骨头精神，标志着蒋介石妄图围歼红军于川西南地区计划的破产。正如聂荣臻在回忆录中所说的："腊子口一战，北上的通道打开了。如果腊子口打不开，我军往南不好回，往北又出不去，无论军事上政治上，都会处于进退失据的境地。现在好了，腊子口一打开，全盘棋都走活了。"

腊子口战斗纪念广场雕塑

二、确定落脚点

1935年9月18日，中共中央和红一方面军主力乘胜占领了大草滩、哈达铺，进入甘南地区。

哈达铺位于甘肃岷县南部，物产丰富，物价便宜。此地回民占一半以上，据说越往北走，回民越多。考虑到红军进入回民聚居地区，为了更好地贯彻执行党的少数民族政策，红军领导机关颁发《回民地区守则》，除了规定不得擅入清真寺，不得任意借用回民器皿、用具外，还规定不得在回民住家杀猪和吃猪肉。

↑ 到了岷县哈达铺（作者：黄镇）

← 哈达铺红军长征一条街旧址

↓ 在哈达铺农户的房屋墙壁上红军当年书写的宣传标语

9月18日，先头部队占领哈达铺。在哈达铺，红军部队休息了几天。据杨尚昆后来说：后勤部的叶季壮在这里找了一个地方办流水席。所有经过这里的干部，都进去吃一次，有红烧肉、锅盔等。在每个人进去前，叶季壮都要说："你少吃一点啊。"之所以如此说，是因为饿得太厉害了，一下吃得过量，就把人撑死。总政治部还通令各个伙食单位，请驻地周围的老百姓会餐，因此各伙食单位都有一两桌客饭，请来一二十个客人，男女老少都有，你劝我让，热闹非常。

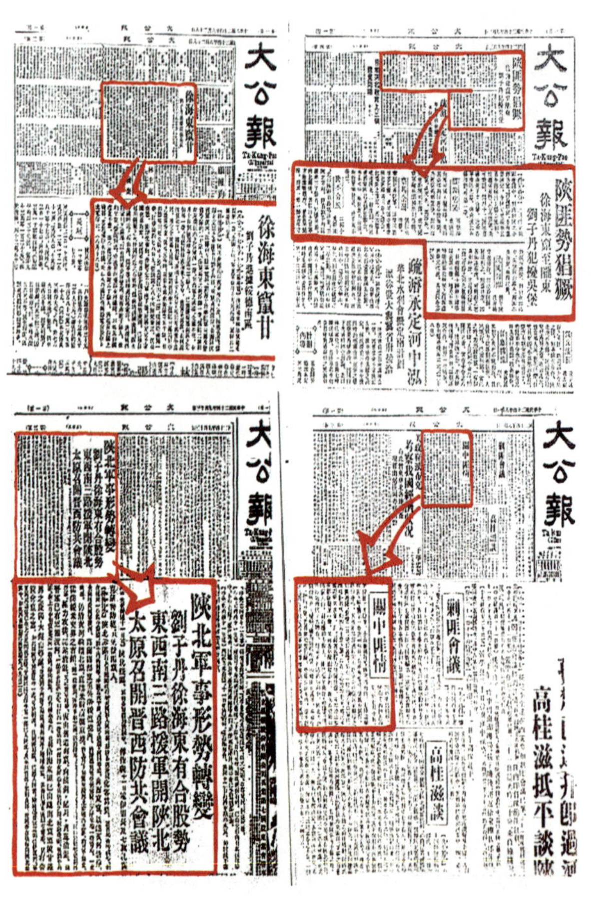
大公報

徐海東竄甘

大公報

陝匪勢猖獗
徐海東竄至甘東
劉子丹犯榆吳堡

疏濬永定河中泓

大公報

陝北軍事形勢轉變
劉子丹徐海東有合股勢
東西南三路援軍開陝北
太原召開晉西防共會議

大公報

關中匪情

剿匪會議

高桂滋談

《大公报》复印件

1935年9月21日，毛泽东率中央机关进驻哈达铺。他们在哈达铺搜集到了一个多月前天津出版发行的几份《大公报》，得知陕北有可观的红军和革命根据地，正处在蓬勃发展之势。

毛泽东了解到上述信息后，马上把这些报纸送给周恩来、张闻天、王稼祥、博古等，召集他们开会，大家一致同意毛泽东的意见——落脚陕北。

9月22日，张闻天撰写了《发展着的陕甘苏维埃革命运动》的读报笔记，其中说："无论敌人怎样拼命，然而他们无法消灭，甚至防止苏维埃革命运动的发展。西北各省的苏维埃革命运动更是在大踏步的前进中。""让那些没有气节的机会主义者去悲叹中国苏维埃革命运动低落，去歌颂反动统治的日益巩固吧。能够解决产生中国革命基本矛盾的力量，只有中国共产党与他所领导的苏维埃政权。我们将踢掉这些障碍物，肃清自己前进的道路，为创造川陕甘新苏区而斗争！”

9月22日，中共中央在哈达铺召开红一、红三军团以上干部大会，毛泽东在会上讲了话。他说：“目前，日本帝国主义侵略中国，我们就是要北上抗日。首先要到陕北去，那里有刘志丹的红军。我们的路线是正确的，现在我们北上先遣队人数是少一点，但是目标也就小一点，不张扬，大家用不着悲观，我们现在比1929年初红四军下井冈山时的人数还多哩！”按中央政治局俄界会议决定，军委纵队和红一方面军主力整编为中国工农红军陕甘支队。

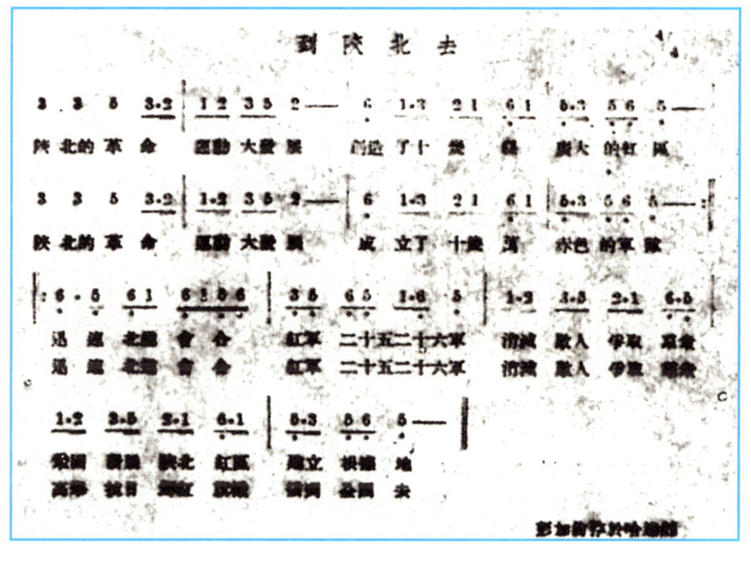

↑ 彭加伦在哈达铺创作的《到陕北去》歌曲

← 哈达铺关帝庙旧址。1935年9月22日，中共中央在这里召开了红一、红三军团以上干部会议。

→ 哈达铺会议旧址

↓ 到陕北去——哈达铺关帝庙动员大会（作者：郑春龙）

杨成武回忆开会时的情景说：

第二天，在关帝庙前的院子里，党中央召开全军团以上干部会议。由于大家到达哈达铺的第一天都好好睡了一觉，改善了一下生活，擦了擦澡，许多同志还理了发，所以这天我们碰到一起互相一瞅，也感到对方比过去精神多了，也年轻多了，人陆陆续续快要到齐了，三三两两凑到一起，叽叽咕咕笑声不断。会议开始了。毛泽东同志与其他中央领导同志走进会场，顿时响起热烈的掌声。我们仔细一瞅，他们也显得格外的精神。

红军陕甘支队序列表

（1935 年 9 月—10 月）

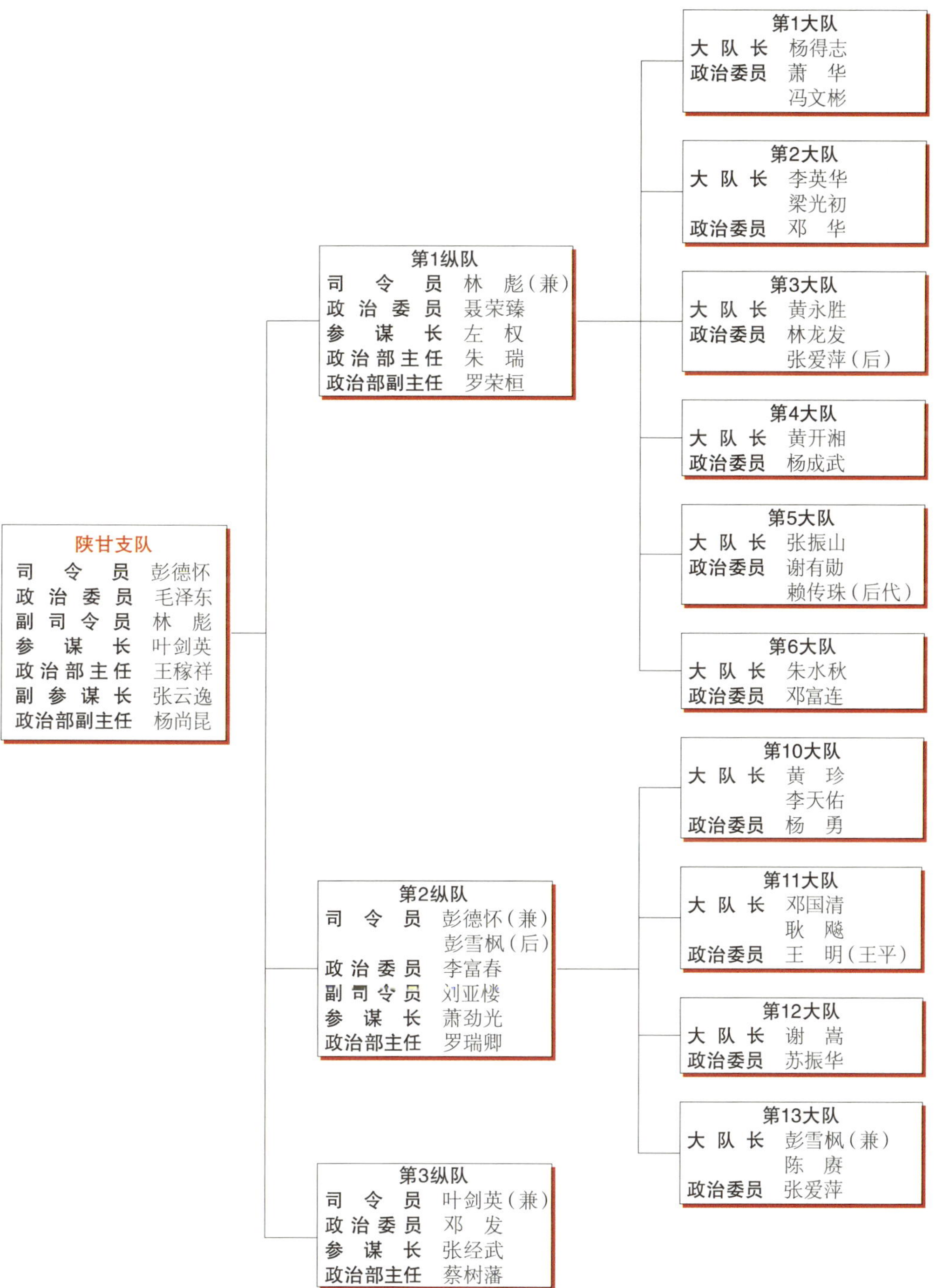

红一方面军主力改编为陕甘支队后，彭德怀离开自己亲自创建的红三军团，与朝夕相处的指战员难分难舍。

时任红三军团第十一团政治委员的王平，回忆当时的情景时说：

彭德怀在离开红三军团时，召开了团以上干部会，他在会上讲话很激动，讲着讲着眼泪就掉了下来，他说：红三军团从第一次反"围剿"时的几万人，到今天长征到甘南，只剩下2000多人，让错误路线快折腾光了。今天剩下这点人，都是精华，是中国革命的骨干和希望。他要求大家再接再厉，争取全国革命的胜利。他在会上作了自我批评。他讲，我的脾气不好，骂过许多人，请同志们批评和谅解。他还说，我过去对你们这些团以上干部要求很严格，有时甚至苛刻一点，这都是对你们的爱护；否则，有的同志可能活不到今天，这也可以说是"骂"出来的吧！

彭德怀的讲话，使大家对他更加尊重。会后，我们这些团的干部回顾了红三军团几年来的战斗历程和彭军团长及其他首长呕心沥血，为红三军团建设所作出的重大贡献。

三、到达吴起镇

9月23日，陕甘支队遵照中共中央的指示，以一部兵力佯攻天水，以调动敌人向该地集中，主力乘机折向西北，摆脱敌人重兵阻击，通过敌武山、漳县间的封锁线，并在鸳鸯镇和山丹镇之间渡过渭河，于9月27日到达通渭县的榜罗镇。

9月28日，中共中央政治局在榜罗镇召开常委会，根据在哈达铺从报纸上了解到的情况，决定放弃俄界会议的行动方针，率领陕甘支队迅速北上，同西北红军和红二十五军会合，在“在陕北保卫和扩大苏区”。随即，陕甘支队召开干部大会，传达榜罗镇会议精神，部署与陕甘苏区红军会合。

↑ 榜罗镇长征一条街

↓ 榜罗镇会议旧址

9月28日，在榜罗镇小学门前的打麦场，红军陕甘支队召开连以上军政干部会议。毛泽东、彭德怀、张闻天、林彪讲了话。毛泽东讲了五个问题：第一，日本帝国主义侵略中国北方的严重性；第二，陕甘革命根据地和红军的状况；第三，北方可称为抗日阵地的经济、政治条件；第四，尽力避免与国民党军正面交锋，迅速到陕北集中；第五，严格整顿纪律，充分注意群众工作，积极宣传我军北上抗日的意义，注意扩充新战士。并号召全体指战员迅速突破长征的最后一道关口——固原、平凉封锁线，与陕甘红军胜利会合。

陆定一回忆开会时的情况说：在会议上，支队政治委员毛泽东同志，司令员彭德怀同志，党的书记洛甫同志和副司令员林彪同志，都讲了话。好在飞机不能来，我们是尽有时间的。毛泽东讲道：

“这样的会，是二次战争以来所没有开过的……我们经过了藏人区域，在那里是青稞麦子，雪山，草地，我们受了自有红军以来从来未有的辛苦……我们突过了天险的腊子口。我们重新进入了汉人区域。我们渡过了渭河——姜太公钓鱼的地方……现在，同志们，我们要到陕、甘革命根据地去。我们要会合二十五、二十六、二十七军的弟兄们去……陕、甘革命根据地是抗日的前线。我们要到抗日的前线上去！任何反革命不能阻止红军去抗日！……我们出了潘州城以来，已经过了两个关口——腊子口和渭河，现在还有一个关口，就是在固原、平凉的一条封锁线。这将是我们长征的最后一个关口……同志们！努力吧！为着民族，为着使中国人不做亡国奴，奋力向前！红军无坚不摧的力量，已经表示给全中国、全世界的人们看了！让我们再来表示一次吧！同志们，要知道，固然，我们的人数比以前少了些，但是我们是中国革命的精华所萃，我们担负着革命中心力量的任务。从前如此，现在亦如此！我们自己知道如此，我们的朋友知道如此，我们的敌人也知道如此！……”

庄严的空气，团结一致的精神，笼罩着整个的会场，这个露天的、毫无装饰的、风和雨在飞舞着的会场。人人在谛听着领袖们的讲话，热血沸腾着，寒冷悄悄地逃走了。

→ 打麦场。1935年9月28日，红军陕甘支队在此召开连以上军政干部会议。

↓ 在当年的打麦场上建立的榜罗镇会议展陈馆，当年的核桃树80年后成为枝繁叶茂的大树。

9月29日，陕甘支队按照中共中央确定的新方针，由榜罗镇地区出发北进，当日攻占通渭城，这是陕甘支队进入甘肃后打下的第一座县城。红军入城后，即打开县监狱，释放了被关押的群众，在大街小巷张贴布告和标语，向群众宣传红军的主张，支持红军北上抗日。

↑ 通渭文庙小学毛泽东《七律·长征》纪念碑

↓ 毛泽东诗词《七律·长征》手迹

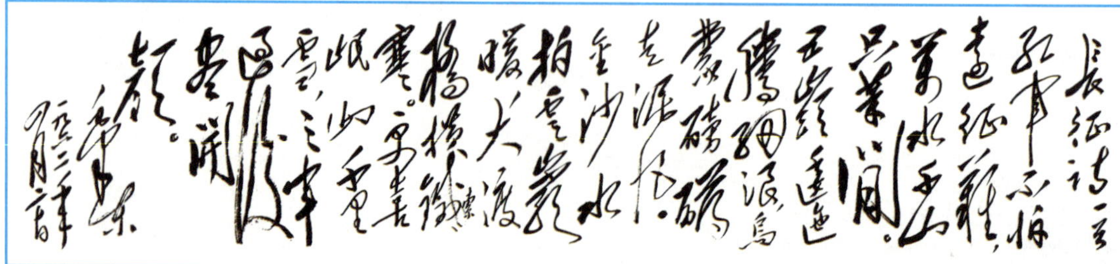

10月2日，陕甘支队在静宁以西击溃敌人一部，缴获汽车十余辆。3日，中央机关到达静宁县的界石铺。4日，在界石铺打了一个漂亮的伏击战，截获了敌人十余辆汽车上的物资。5日，到达隆德县的单家集，击溃敌人一个营，进抵六盘山山麓。

六盘山，位于宁夏南部甘肃东部，海拔2928米，山路曲折盘旋，六重始达山顶，由此得名。10月5日至7日，陕甘支队越过六盘山，第一纵队在固原县的青石嘴消灭东北军何柱国部骑兵两个连，缴获战马100余匹。红军用这批战马装备侦察连，从此有了自己的骑兵部队。

← 静宁界石铺红军楼

↓ 隆德县单家集红军三过单家集纪念碑

红军陕甘支队越过六盘山

聂荣臻后来回忆说：我们用缴获的马匹装备了纵队的侦察连，我们也开始有自己的骑兵部队了。第一任骑兵侦察连连长是梁兴初，副连长就是日后驰骋在晋察冀根据地的骑兵团长刘云彪。

这之后，陕甘支队向环县方向疾进。战士们举着的红旗在迎风猎猎招展，红军队伍的铁流滚滚向前。目睹此情此景，毛泽东填词《清平乐·六盘山》，抒发了自己的革命豪情和对中国革命胜利的自信心。

天高云淡，望断南飞雁。

不到长城非好汉，屈指行程二万。

六盘山上高峰，红旗漫卷西风。

今日长缨在手，何时缚住苍龙？

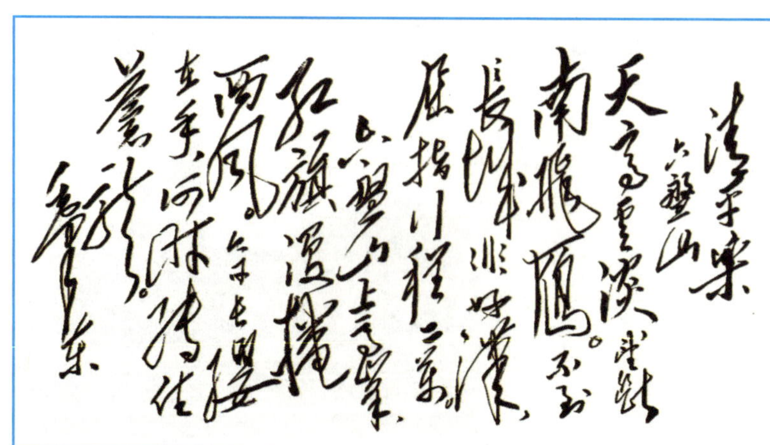

毛泽东：《清平乐·六盘山》

然后，红军绕道环县、曲子镇，长驱东进。当到达河连湾宿营时，突破乌江、腊子口的英雄，赫赫有名的连长毛振华不幸牺牲。红军指战员怀着悲痛的心情，继续向东疾进。

对此，杨成武说：“毛振华连长，是我们的好连长！他渡乌江立了大功，得了奖。腊子口一仗他又立下了大功。他是带兵的模范，打仗的英雄。他的牺牲，是我们这支队伍的损失！我们失去了一个好战友，党失去了一个忠诚战士。”

陕甘支队一路北进走过的黄土地

红军珍惜用水

高原地面上没有水，天旱年头，多是十沟九涸。即使有水，也是又苦又涩，带有硫磺味，根本不能喝，喝下去不是哑嗓子，肿身子，就是拉肚子。我们开始不了解这些吃了苦头。这使我想起了诸葛亮遇到哑泉的故事，如今在我们身上重演。人民群众日常饮用和牲口饮水，都是用雨季积蓄的水。万不得已，才用毛驴去很远的深沟里去找水，真是水贵如油……

村里的水井水窖，是全村人生活生存的保障。我们部队十分珍惜水，提出不得用水窖的水洗脚、擦澡；炊事房除了做饭，私人备用的水壶、竹筒灌满外不得浪费。并在水窖、水井旁设岗，帮助群众维持打水秩序。打倒地主、土豪，首先是开放水窖，比当年打土豪开仓济贫的场面还要热闹。在这水源奇缺的高原，当部队离开驻地时，不少群众拉着战士的手亲热地说："喝一杯吧！喝足了水好上路。"多么可爱的人民，大家都深深地被感动了。

——时任红一军团一师三团供给处粮服股股长蔡长风回忆在黄土高原上沿途找水的情景

1935年10月19日，中共中央率领红军陕甘支队胜利到达陕甘苏区吴起镇，宣告历时一年，纵横11个省，长驱二万五千里的长征胜利结束，从而完成了艰苦卓绝的战略转移任务。

吴起镇全景

成仿吾回忆当时到达吴起镇的情景时说：

下午在距离吴起镇约20里的一些村庄宿营。傍晚，刚吃过晚饭，司令部命令各纵队都进驻吴起镇及附近村落。大家听到这个命令，莫不十分高兴，因为就要回到红区了。很多人忘记了几天行军的疲劳，像小孩一样，连跳带跑，直往吴起镇跑去。但是当我们进入吴起镇时，群众误以为是匪军又来骚扰，仓皇逃避一空。我们在街上与窑洞内外，到处发现“中国共产党万岁！”“拥护刘志丹”的标语，确定这已是陕北红区的地方了。大家兴奋地不约而同地说：“我们真的回到自己家了！”于是四处去找群众，半天找着几个老头、老太太，却语言不通，讲什么都说：“解不下”（陕北方言。这里“解”字发音为hài，“下”字发音为hà——编者注）。我们的同志误以为群众“害怕”。战士们首先把街道打扫干净，贴上各种标语，如“北上抗日，收复失地”“与二十五、六、七军会合，一致抗日救国！”不久那些老人又找来一些群众。很快当地的支部书记与乡政府主席回来了，他们和战士们热烈握手，战士们把乡干部们围起来，差一点把他们举上天空，口里说着南腔北调，但一张张的脸上表现出十分激动的心情，有的人热泪久久挂在脸上。乡干部们很热情地和部队的负责同志研究解决各种需要。第二天早晨，全镇的男女老少都回来了，见了我们一个个笑容满面，不断地说：“啊！原来是咱们自己人！”

长征胜利到达陕北（作者：赵域）

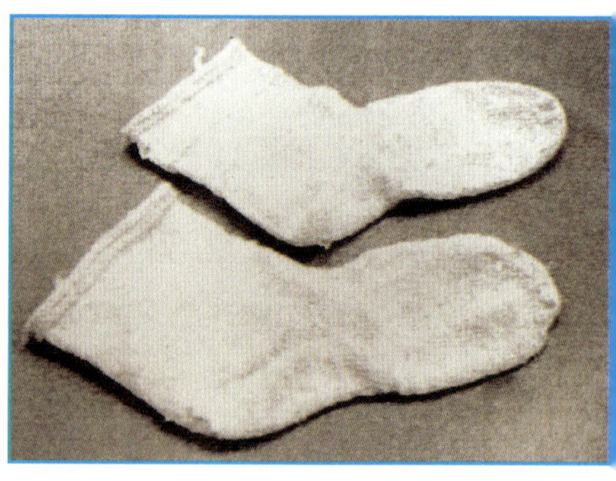

↖ 红一方面军长征到达陕北后，红一军团政治部全体人员在陕北合影。

↑ 陕北红军送给长征到达陕北的红军战士陈德胜的礼品——羊毛袜

← 会宁会师楼

↓ 将台堡旧貌

位于甘肃会宁的红一、红二、红四方面军会师纪念塔

一年后的1936年10月9日，红一、红四方面军在甘肃会宁会师；22日，红一、红二方面军在将台堡（今属宁夏西吉）会师。红一、红二、红四方面军三支主力部队大会师，标志着红军长征全部胜利结束。

1936年，红一、红二、红四方面军部分团以上干部在甘肃庆阳宫合镇合影

1935年12月27日，毛泽东在《论反对日本帝国主义的策略》报告中，对红军长征的意义作了高度概括。他说：“长征是历史记录上的第一次，长征是宣言书，长征是宣传队，长征是播种机。自从盘古开天地，三皇五帝到于今，历史上曾经有过我们这样的长征吗？十二个月光阴中间，天上每日几十架飞机侦察轰炸，地下几十万大军围追堵截，路上遇着了说不尽的艰难险阻，我们却开动了每人的两只脚，长驱二万余里，纵横十一个省。请问历史上曾有过我们这样的长征吗？没有，从来没有的。长征又是宣言书。它向全世界宣告，红军是英雄好汉，帝国主义者和他们的走狗蒋介石等辈则是完全无用的。长征宣告了帝国主义和蒋介石围追堵截的破产。长征又是宣传队。它向十一个省大约两万万人民宣布，只有红军的道路，才是解放他们的道路。不因此一举，那么广大的民众怎会如此迅速地知道世界上还有红军这样一篇大道理呢？长征又是播种机。它散布了许多种子在十一个省内，发芽、长叶、开花、结果，将来是会有收获的。总而言之，长征是以我们胜利、敌人失败的结果而告结束。……长征一完结，新局面就开始。”

红一方面军长征大事记

（1934年10月—1935年10月）

1934年

10月10日　中央红军开始实行战略转移。中共中央、中革军委由江西瑞金出发，向集结地域开进。10月16日，各部队在于都河以北地区集结完毕。从17日开始，中央红军主力五个军团及中央、军委机关和直属部队共8.6万余人，踏上战略转移的征途，开始了长征。

10月21日至25日　中央红军各部从江西信丰南北先后渡过桃江，突破由粤军防守的第一道封锁线。

11月5日至8日　中央红军分三路纵队，由湖南汝城和广东城口之间突破敌人第二道封锁线。

11月13日至15日　中央红军从湖南郴县、良田、宜章、广东乐昌之间突破敌人第三道封锁线。

11月19日　中革军委总政治部发出《关于争取少数民族工作的指示》，要求部队遵照少数民族的风俗习惯，争取少数民族加入红军。

11月27日至12月1日　中央红军苦战五昼夜，渡过湘江，突破敌军重兵设防的第四道防线，粉碎了蒋介石围歼红军于湘江以东的企图。渡过湘江后，中央红军和中央机关人员由出发时的8.6万余人锐减至三万余人。

12月4日至5日　中央红军翻越桂北越城岭、老山界山区。

12月12日　在湖南通道中共中央负责人举行紧急会议。湘江之战后，国民党当局判断红军将沿湘桂边境北上湘西同红二、红六军团会合，在沿途布下重兵，企图围歼中央红军。把持红军指挥权的博古、李德仍然坚持按原计划前进。这使中央红军面临全军覆没的危险。危急关头，毛泽东建议放弃原定计划，立即转兵向西，到敌军力量比较薄弱的贵州开辟根据地。同日，中共中央负责人在湖南通道举行紧急会议，张闻天、周恩来、王稼祥等多数参会同志赞成和支持毛泽东的主张。但李德等人拒不接受。

12月18日 中共中央政治局在贵州黎平举行会议，与会多数同志赞同毛泽东向贵州西北进军的主张，通过了《中央政治局关于战略方针之决定》。黎平会议之后，红军经贵州腹地向黔北挺进，连克锦平等七座县城。

12月31日晚至1935年1月1日凌晨 中共中央政治局在贵州瓮安猴场举行会议，决定中央红军北渡乌江，建立以遵义为中心的新苏区。

1935年

1月2日至6日 中央红军突破乌江天险。2日、3日，中央红军第一军团一师一团、二师四团先后在乌江回龙场渡口和江界河渡口强渡成功。5日，红三军团第十团在茶山关渡口渡过乌江。6日，中央红军全部渡过乌江，把国民党“追剿军”甩在乌江以东和以南地区。

1月7日 中央红军占领贵州遵义城。

1月12日 红军总政治部在贵州遵义召开万人群众大会，成立遵义县革命委员会。这是遵义地区组建的第一个县革命政府。毛泽东、朱德等在大会上发表演说，阐述中国共产党的主张，揭露国民党反动派的罪恶，号召人民群众打土豪，分田地，建立革命政权。

1月15日至17日 中共中央政治局在贵州遵义召开扩大会议（即遵义会议）。会议集中解决当时具有决定意义的军事和组织问题。会上，由博古作关于第五次反“围剿”总结的主报告，周恩来就军事作副报告。张闻天按照会前与毛泽东、王稼祥共同商量的意见，作反对“左”倾军事错误的报告，比较系统地批评了博古、李德在军事指挥上的错误。毛泽东作了长篇发言，对博古、李德在军事指挥上的错误进行了切中要害的分析和批评，并阐述了中国革命战争的战略战术问题和此后在军事上应该采取的方针。王稼祥在发言中也批评博古、李德的错误，支持毛泽东的正确意见。周恩来、朱德、刘少奇等多数与会同志相继发言，不同意博古的总结报告，同意毛泽东、张闻天、王稼祥提出的提纲和意见。会议最后指定张闻天起草决议，委托常委审查，然后发到支部讨论。张闻天在会后根据与会多数人特别是毛泽东发言的内容，起草了《中央关于反对敌人五次“围剿”的总结的决议》。会议改组了中央领导机构，选举毛泽东为中央政治局常委，决定常委中再进行适当的分工；取消在长征前成立的“三人团”，仍由最高军事首长朱德、周恩来为军事指挥者，而周恩来是党内委托的对于军事指挥下最后决心的负责者。遵义会议结束了“左”倾教条主义在中央的统治，确立了毛泽东在中共中央和红军的领导地位，在极端危急的历史关头挽救了党，挽救了红军，挽救了中国革命，是党的历史上一个生死攸关的转折点，标志着中国共产党在政治上开始走向成熟。

1月19日　中央红军由遵义地区北进，预定夺取川黔边境的土城、赤水县城，相机从四川泸州和宜宾之间北渡长江。

1月22日　中共中央政治局和中革军委电示红四方面军，指出“为选择优良条件，争取更大发展前途计，决定我野战军转入川西，拟从泸州上游渡江”。指令红四方面军“迅速集结部队，完成进攻准备，于最近时期实行向嘉陵江以西进攻”。

1月28日　中央红军向赤水土城青杠坡之川军发起猛攻，激战终日，战斗失利，敌援军不断增加。战斗最危急时刻，朱德、刘伯承亲赴前沿阵地指挥作战。傍晚，中共中央政治局主要领导人召开会议，决定立即撤出战斗，渡赤水河西进，开始了著名的四渡赤水之战。

1月29日　中央红军从猴场（今元厚）、土城南北地区一渡赤水河，向川南古蔺叙永地区前进。

2月5日　中央红军转战到川、滇、黔交界一个叫鸡鸣三省的地方，中共中央政治局常委分工，决定由张闻天接替博古负总责任（习惯上也称之为总书记）；决定以毛泽东为周恩来在军事指挥上的帮助者，博古任总政治部代理主任。

同日 中共中央电示在赣南闽西坚持斗争的项英并转中央苏区中央分局，为与游击战争的环境相适合，要立即转变组织方式和斗争方式，“成立革命军事委员会中区分会，以项英、陈毅、贺昌及其他二人组织之，项为主席”。

2月8日 中共中央政治局通过张闻天根据遵义会议精神起草的《中共中央关于反对敌人五次“围剿”的总结的决议》，即遵义会议决议。

2月10日 中革军委按照中共中央的决定，颁布《关于各军团缩编的命令》。

2月上旬 中共中央派红五师政委徐策、军委纵队干部团上干队政委余鸿泽等人组成中共川南特委，并抽调几百名红军指战员成立红军川南游击队。

2月11日 中共中央、中革军委致电红二、红六军团，指出总的方针是决战防御而不是单纯防御，是运动战而不是阵地战。主要活动地区是湘西及鄂西，必要时主力可突破敌之围攻线，向川黔广大地区活动。指示还要求成立军委分会，指定贺龙、任弼时、关向应、夏曦、萧克、王震为委员，贺龙任主席。

2月16日 中共中央、中革军委发布《告全体红色指战员书》。

2月18日至21日 中央红军分别从太平渡、二郎滩等地二渡赤水河，重入贵州。

2月20日 军委纵队回师黔北时，抽调干部和战士组成红军黔北游击队。

2月24日至28日 中革军委集中中央红军主力占领贵州桐梓，奇袭娄山关，再占遵义，歼灭和击溃两个师又八个团，取得中央红军长征以来最大的一次胜利。

3月初 中央红军在二占遵义后，抽调红军干部战士成立红军赤水河游击队。在撤离遵义前，中央红军留下指战员为骨干成立红军遵（义）湄（潭）绥（阳）游击队。

3月4日　中革军委决定设立前敌司令部，任命朱德为司令员、毛泽东为政治委员。

3月11日　在遵义鸭溪、苟坝一带，成立由毛泽东、周恩来、王稼祥组成的新的“三人团”，负责指挥全军的军事行动。在战争环境中，这是中央最重要的领导机构。

3月16日至17日　中央红军由茅台及其附近地区三渡赤水河。

3月21日至22日　中央红军由二郎滩、太平渡等地四渡赤水河。

3月28日　中央红军主力由贵州遵义鸭溪、白腊坎之间突破敌人封锁线南下，进入乌江北岸的沙土、安底等地。红九军团伪装主力，依托马鬃岭，佯攻长干山、枫香坝，掩护主力南下。31日，中央红军主力经江口、大塘、梯子岩等处南渡乌江，跳出蒋介石苦心设计的在乌江以北、川黔边境地区消灭红军的包围圈。随后红军以一部佯攻息烽，主力继续南进。红九军团滞留于乌江北岸，与主力分开，单独转战黔北和滇东北。

4月2日　中央红军主力进占扎佐等地，前锋逼近贵阳。5日，又集结清水江西岸，并以一部兵力进至清水江，作主力东渡姿态。随后，当各路敌人纷纷向贵阳移动开进时，中央红军出其不意以每天120里的速度向敌人兵力空虚的云南疾进。

4月29日　中央红军逼近昆明，迫使滇军集中防守昆明，为抢渡金沙江、北上川西创造了有利条件。

5月3日至9日　中央红军主力从皎平渡、洪门渡、鲁车渡等渡过金沙江。期间，红九军团由树节、盐井坪等地渡过金沙江。至此，中央红军摆脱了优势敌军的追堵拦截，粉碎了蒋介石围歼红军于川、黔、滇边境的计划，取得战略转移中具有决定意义的胜利。

5月12日　中共中央政治局在四川会理城附近的铁厂举行扩大会议

（即会理会议），讨论军事行动问题。会议决定中央红军继续北上，并对林彪等怀疑毛泽东的领导、不同意机动作战的主张进行了批评。

5月19日　中共中央以红军总政治部的名义，发布《关于争取少数民族工作的训令》，强调指出野战军今后的机动和作战，都密切关联着争取少数民族问题。

5月21日　中央红军进入四川冕宁。23日，冕宁县革命委员会正式成立，这是长征途中红军入川后的第一个红色政权。

5月22日　中央红军先遣队司令员刘伯承、政委聂荣臻率队经过大凉山彝族区时，刘伯承在彝海同彝族果基部落首领果基约丹（小叶丹）杀鸡歃血为盟，结为兄弟。红军宣传中国共产党的民族政策，帮助成立红军彝族沽基支队，并赠送枪支。红军纪律严明，秋毫无犯，受到彝族人民的尊敬和支持，从而顺利通过了彝族区。彝海结盟是红军长征途中执行民族政策的典范，成为广为流传的民族团结佳话。

5月25日　中央红军先遣队第一军团一师一团在四川石棉安顺场开始强渡大渡河。营长孙继先率领由17名勇士组成的渡河奋勇队，乘一条小船，在当地船工帮助下，冒着枪林弹雨，渡河成功，在大渡河防线上打开一个缺口。

5月29日　中央红军第一军团二师四团发起夺取泸定桥战斗。由第二连22名共产党员和积极分子组成的突击队，不畏枪林弹雨，攀登着铁链勇往直前，占领桥头，控制了泸定桥。随后，中央红军由泸定桥通过大渡河。

5月31日　中共中央在四川泸定城召开政治局会议。会议决定：一是红军向北走雪山草地一线，避开人烟稠密地区；二是派中央政治局常委、中央白区工作部部长陈云去上海恢复白区党的组织。

5月　中共中央以红军总司令朱德名义发布《中国工农红军布告》，宣传中国共产党和红军对少数民族的政策，号召彝族人民同红军合作，共同反对国民党的反动统治。

6月12日至18日 红一、红四方面军在四川懋功（今小金）会师。6月12日，红一方面军先头部队翻越终年积雪、人迹罕至的夹金山，与红四方面军一部在懋功达维镇会师。6月17日，毛泽东、朱德、周恩来、张闻天等翻越夹金山，到达达维镇。6月18日，中共中央与红一方面军主力到达懋功。红一、红四方面军懋功会师，大大增强了红军的力量，使集结在这个地区的红军兵力达十多万人，为开创新局面创造了有利条件。

6月26日至28日 中共中央政治局在四川懋功北部的两河口召开扩大会议，讨论红一、红四方面军会师后发展的战略方针问题。会议由张闻天主持，一致同意毛泽东、周恩来等多数人北上建立川陕甘根据地的意见。6月28日，中共中央政治局根据会议精神确定《关于一、四方面军会合后的战略方针》，指出红军应集中主力向北进攻，以创造川陕甘苏区。

6月29日 中革军委根据两河口会议所确定的战略方针，制定《松潘战役计划》，准备趁国民党军胡宗南部尚未完全集结、部署就绪的时机，红一、红四方面军协同作战，消灭胡宗南部，控制松潘地区，打开北上陕甘通道。随后，两个方面军主力组成左、中、右三路军北进。中共中央率领红一方面军自四川懋功一带北上，翻越梦笔山、长板山、打鼓山等大雪山。7月16日，先头部队抵达松潘附近的毛儿盖。

7月18日 中共中央在四川黑水芦花镇（今黑水县城）召开政治局常委会议。两河口会议后，张国焘鼓动一些人向中央提出由他担任中革军委主席，后又反对北上，主张南下。中共中央坚决拒绝了张国焘的无理要求，但为了红军的团结，于本日召开政治局常委会议，决定张国焘任红军总政治委员。

7月21日 中革军委发出《关于一、四方面军组织番号及干部任免的决定》，决定组织前敌总指挥部，以徐向前兼任总指挥，陈昌浩兼任政委，叶剑英任参谋长。中央红军第一、第三、第五、第九军团依次改为第一、第三、第五、第三十二军。红四方面军第四、第九、第三十、第三十一、第三十三军番号不变。

7月21日至22日　中共中央在四川黑水芦花镇（今黑水县城）召开政治局扩大会议，批评了张国焘的错误，同时也充分肯定了红四方面军的英勇斗争业绩。会后，张国焘率红四方面军向毛儿盖集中。

8月3日　由于张国焘的拖延，原定松潘战役计划因敌情变化不能实现，红军不得不改道经自然条件极为恶劣的草地北上，红军总部制定进军甘肃南部的夏（河）洮（河）战役计划，并把红一、红四方面军混编为左、右两路军北上。毛泽东、张闻天、周恩来等率中共中央机关和前敌指挥部随右路军行动。朱德、张国焘、刘伯承率红军总司令部随左路军行动。

8月4日至6日　中共中央政治局在四川松潘毛儿盖附近的沙窝（今松潘县下八寨乡血洛寨）召开会议，重申北上的战略方针，强调创造川陕甘根据地是当前红一、红四方面军面临的历史任务。

8月20日　中共中央政治局在毛儿盖召开扩大会议。毛泽东在会上论证了北上方针的正确性，要求张国焘率领的左路军迅速向中央所在的右路军靠拢，以便共同北上。

8月下旬　中共中央率右路军越过松潘草地，到达四川的班佑、巴西、阿西地区，一再劝告、催促左路军北上。张国焘不听中央劝告，坚持南下。

9月9日　张国焘电令红军前敌指挥部政治委员陈昌浩率右路军"南下，彻底开展党内斗争"。中共中央被迫率红一、红三军和军委纵队先行北上。

9月12日　中共中央政治局在甘肃迭部俄界（今高吉）召开扩大会议，通过《中央关于张国焘同志的错误的决定》，指出：张国焘反对中央北上的战略方针，坚持向川康藏边退却的方针是错误的；张国焘同中央的争论，其实质是由于对政治形势的分析与敌我力量估量上存在着原则的分歧。并决定将北上红军改称陕甘支队。

9月17日　红一方面军第一军四团夺取迭部腊子口，攻破最后一道天险，打开北上通路，使蒋介石企图把红军困死、饿死在雪山草地计划彻底破产。

9月18日　中共中央率领红一、红三军和军委纵队到达甘肃岷县以南的哈达铺。从当地找到的报纸上，获悉陕甘红军和根据地仍然存在，毛泽东提出到陕北去。北上部队在这里正式改编为中国工农红军陕甘支队，彭德怀任司令员，毛泽东任政治委员。

9月27日　红军陕甘支队占领甘肃通渭榜罗镇。中共中央政治局常委召开会议，正式决定前往陕北，保卫和扩大根据地。

10月5日至7日　红军陕甘支队越过六盘山。

10月7日　红军陕甘支队第一纵队在甘肃固原青石嘴消灭东北军何柱国部两个连，缴获战马100余匹。红军用这批马装备侦察连，从此有了自己的骑兵部队。

10月19日　红军陕甘支队到达陕甘根据地的吴起镇。中央红军主力胜利结束长征。

后　记

中国工农红军长征是世界历史上前所未有的壮举，对中华民族历史发展进程具有十分深远的影响。为纪念中国人民解放军建军90周年，大力弘扬党和人民军队的光荣传统和革命精神，充分发挥党史工作以史鉴今、资政育人作用，中共中央党史研究室联合中国人民革命军事博物馆，并组织红军长征途经的江西、福建、广东、湖南、广西、贵州、重庆、云南、四川、青海、甘肃、河南、湖北、宁夏、陕西等15个省（区、市）党委党史研究室以及山西省委党史办公室参加，编撰了这部历史丛书《图说长征》。

《图说长征》坚持以马克思列宁主义、毛泽东思想、邓小平理论、“三个代表”重要思想、科学发展观为指导，深入贯彻习近平总书记系列重要讲话精神特别是在纪念红军长征胜利80周年大会上的重要讲话精神，力图从历史和现实的结合上，全面反映红军长征的光辉历程和伟大长征精神，突出展示党的领导核心作用和红军的英雄形象，突出展示党、红军和人民群众相互支援、血肉相联的亲密关系，同时注重反映红军长征经过地方的历史风物、风貌以及红军长征对沿途各地产生的深远影响。编撰这部丛书的目的在于，力求让广大读者从中国共产党领导的红军长征历史中汲取精神力量，坚定共产主义远大理想和中国特色社会主义信念，增强道路自信、理论自信、制度自信、文化自信，牢固树立政治意识、大局意识、核心意识、看齐意识，紧密团结在以习近平同志为核心的党中央周围，为统筹推进“五位一体”总体布局和协调推进“四个全面”战略布局，为实现“两个一百年”奋斗目标和中华民族伟大复兴的中国梦而努力奋斗。

在编撰《图说长征》过程中，我们注重发挥中央党史研究室、军事博物馆和红军长征所经各地拥有的资源优势，全面收集长征文献、图片、遗址遗迹照片和美术作品等有关资料，把历史叙事和场景展示结合起来，以图文并茂的形式，形成一部全景式、全方位直观展示红军长征伟大史诗的著作。丛书分为六卷，即《序曲卷》《红一方面军卷》《红二方面军卷》《红四方面军卷》《红二十五军卷》《大会师卷》。每卷包括历史概述、主体内容、大事记三个部分。主体内容部分根据历史发展过程分为若干章，在叙述历史过程中配以相应的图片及文字说明。

为编撰好这部丛书，我们于2015年8月成立《图说长征》课题组。中央党史研究室主任曲青山同志任课题组组长、丛书主编，时任中央党史研究室副主任吕世光同志、中央党史研究室副主任张树军同志、军事博物馆馆长董长军同志任课题组副组长、丛书副主编。中央党史研究室第一研究部、军事博物馆，以及有关省（区、市）党史部门同志为课题组成员。在曲青山同志和课题组其他领导同志的高度重视和悉心指导下，课题组成员齐心协力、密切配合，积极展开相关工作。在普查长征遗址遗迹、系统征集历史图片和文字资料基础上，课题组精心编撰、反复修改、数易其稿。贵州、湖南、四川、河南、甘肃省委党史研究室分别牵头负责联系红一方面军、红二方面军、红四方面军、红二十五军和长征大会师途经各省（区、市）的资料收集、整理和前期编撰工作。其中，甘肃省委党史研究室承担了编撰《大会师卷》的主要工作。中央党史研究室第一研究部具体负责课题全部工作的总协调，并组织力量对各卷进行了后期编撰和审改工作。军事博物馆有关同志参与了审稿工作。丛书主编、副主编共同审定了全部书稿。

在丛书编撰过程中，得到中央、地方有关部门、单位和有关同志的大力支持和热情帮助。同时，由于年代久远和时间紧迫等原因，有些图片的作者事先没有联系到。在丛书出版之际，我们对所有给予帮助支持的单位和同志一并表示衷心感谢并致以崇高敬意！

虽然我们尽了最大努力，但丛书中难免还存在不当、不周之处，恳请广大读者批评指正。

编者

2017年6月